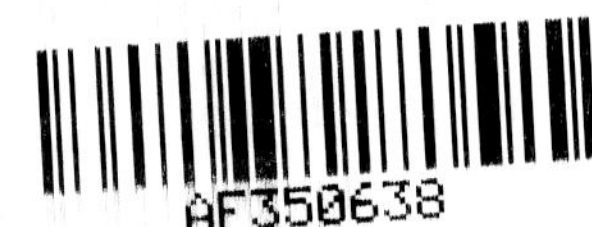

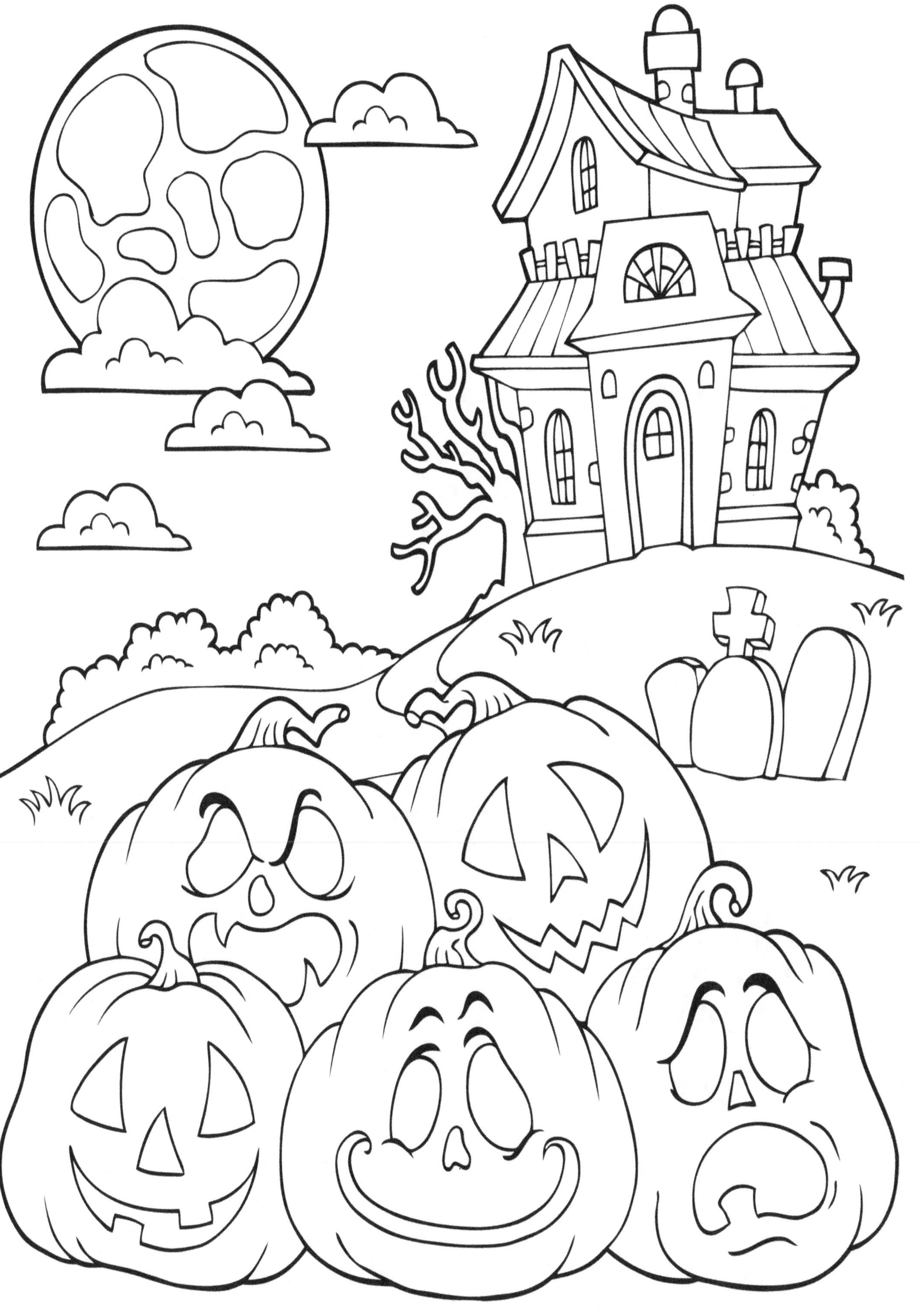

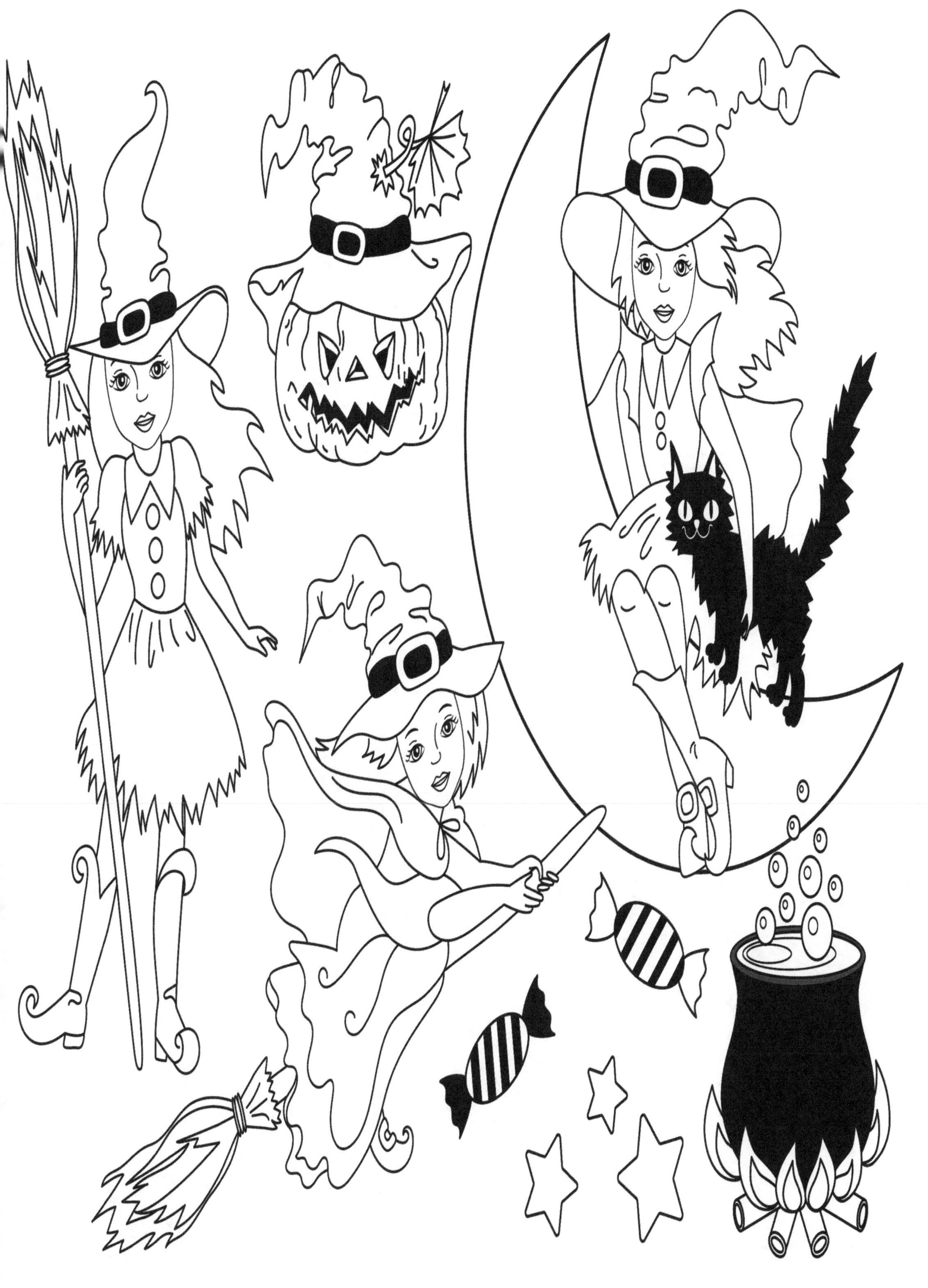

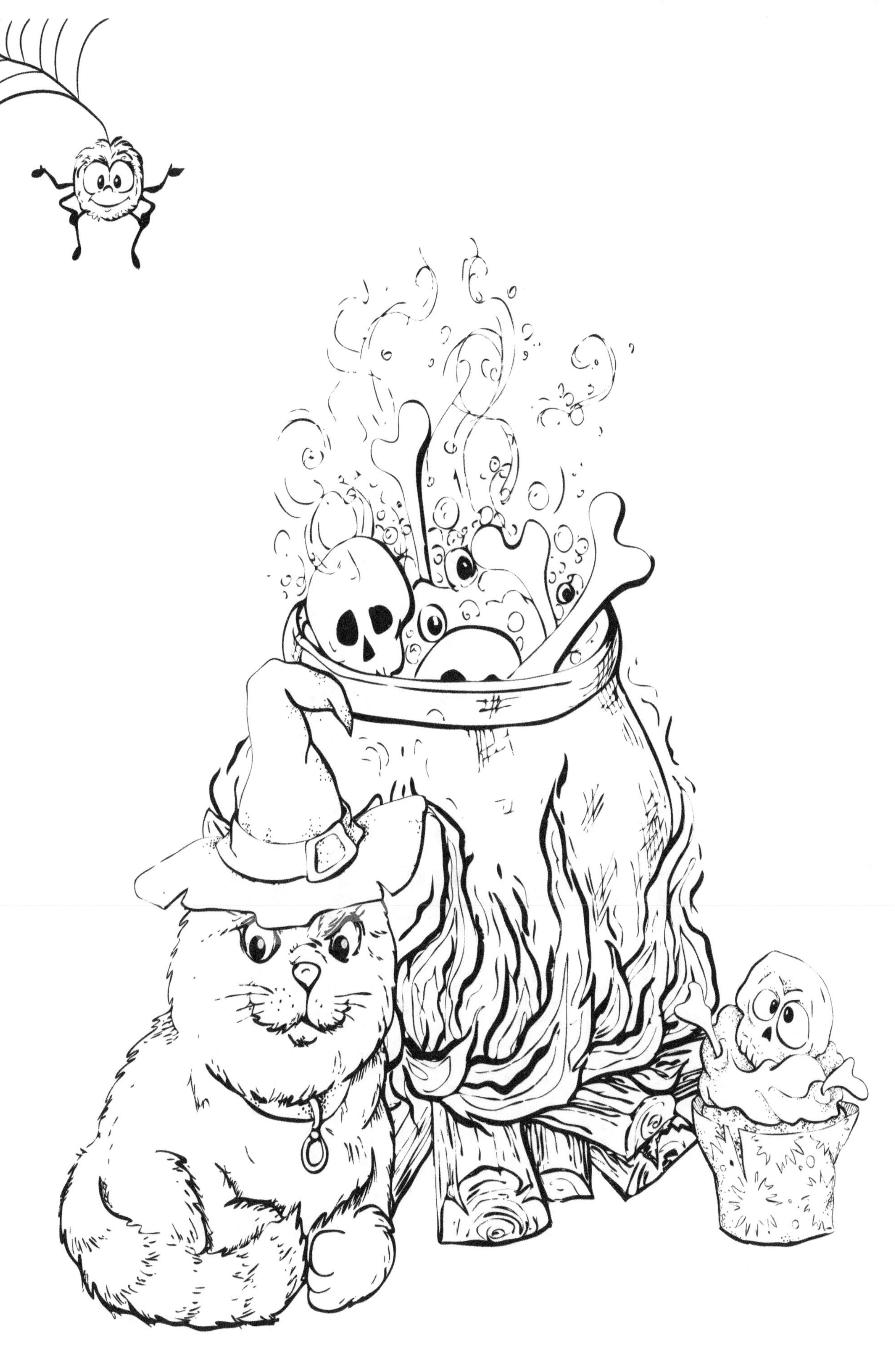

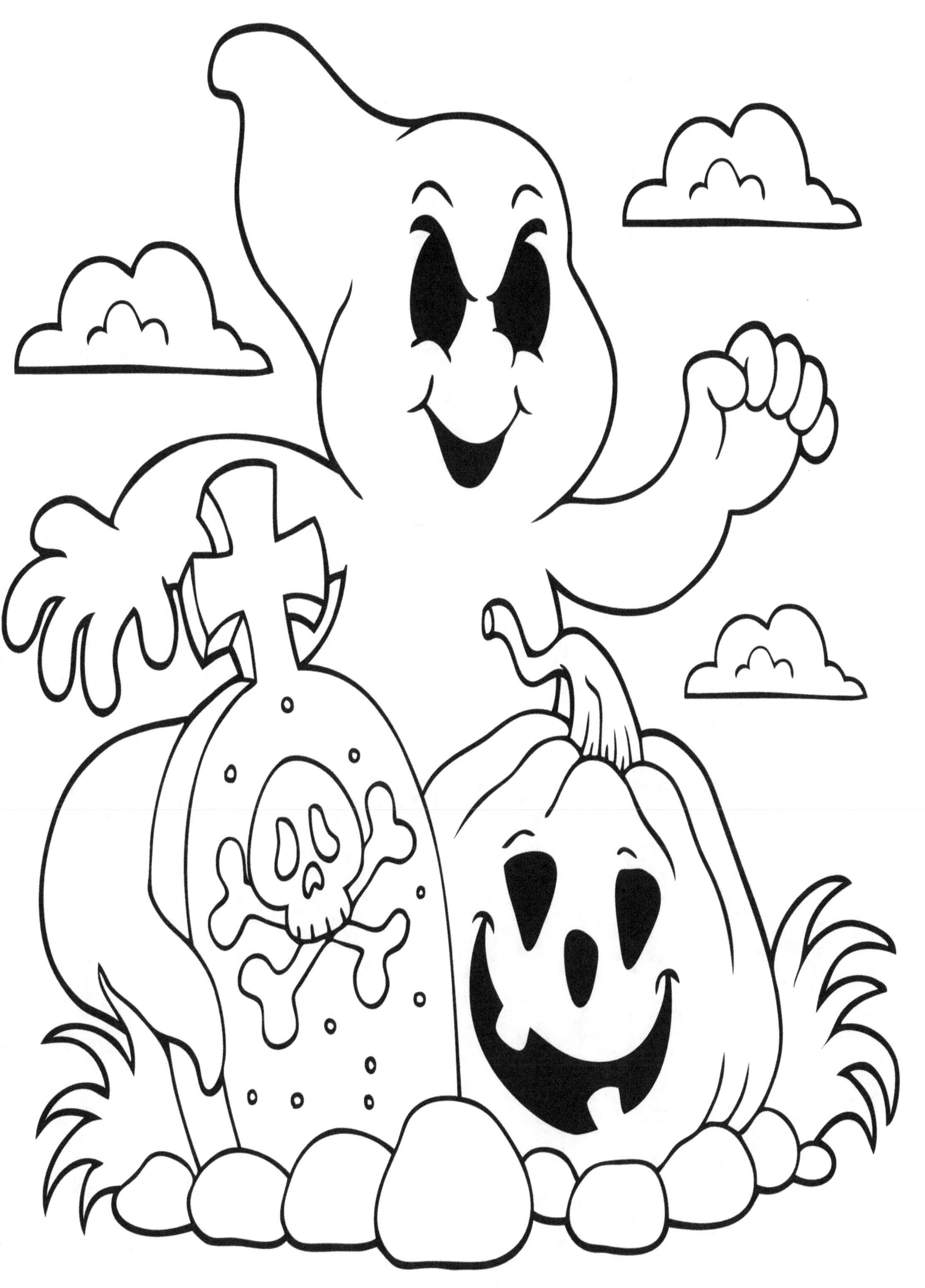

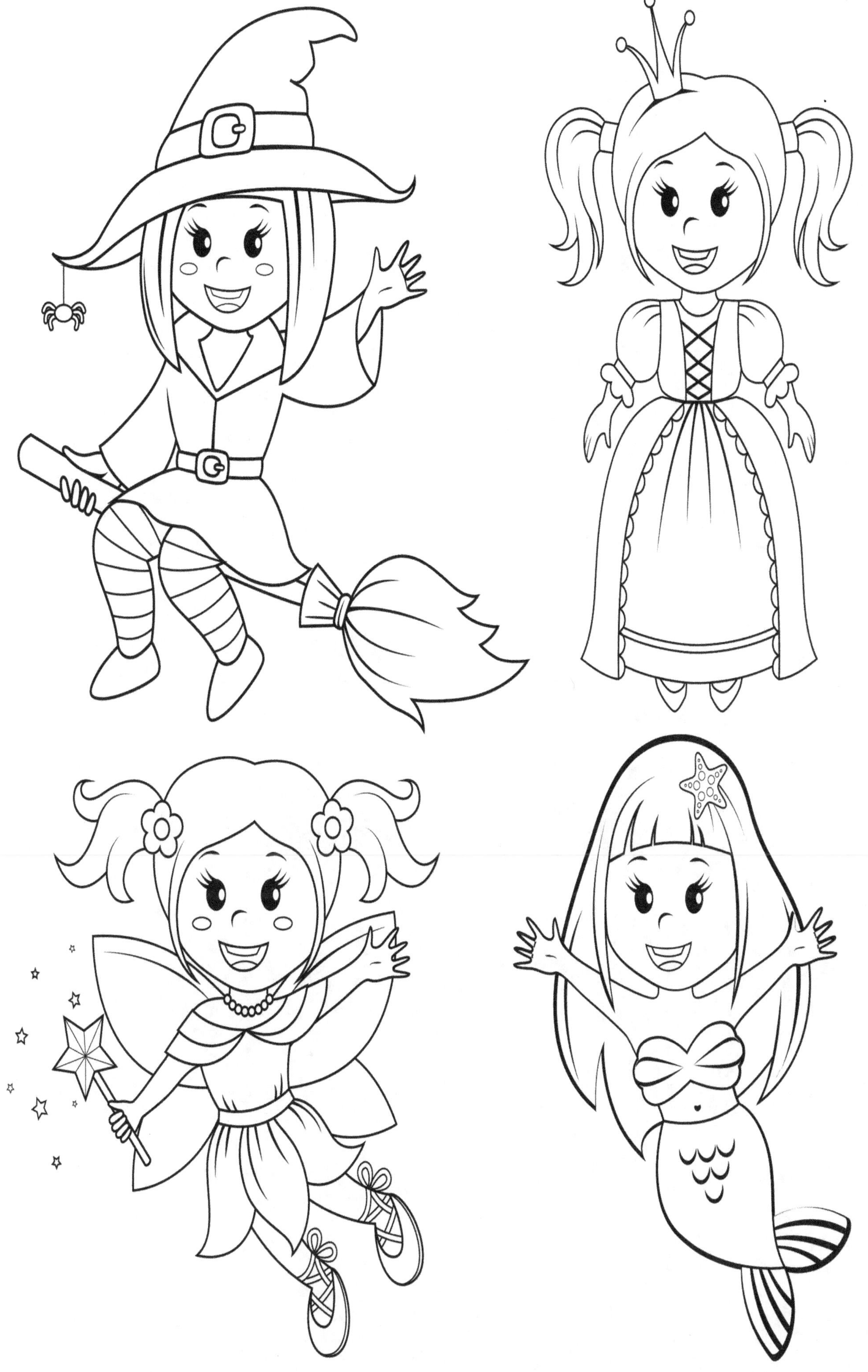

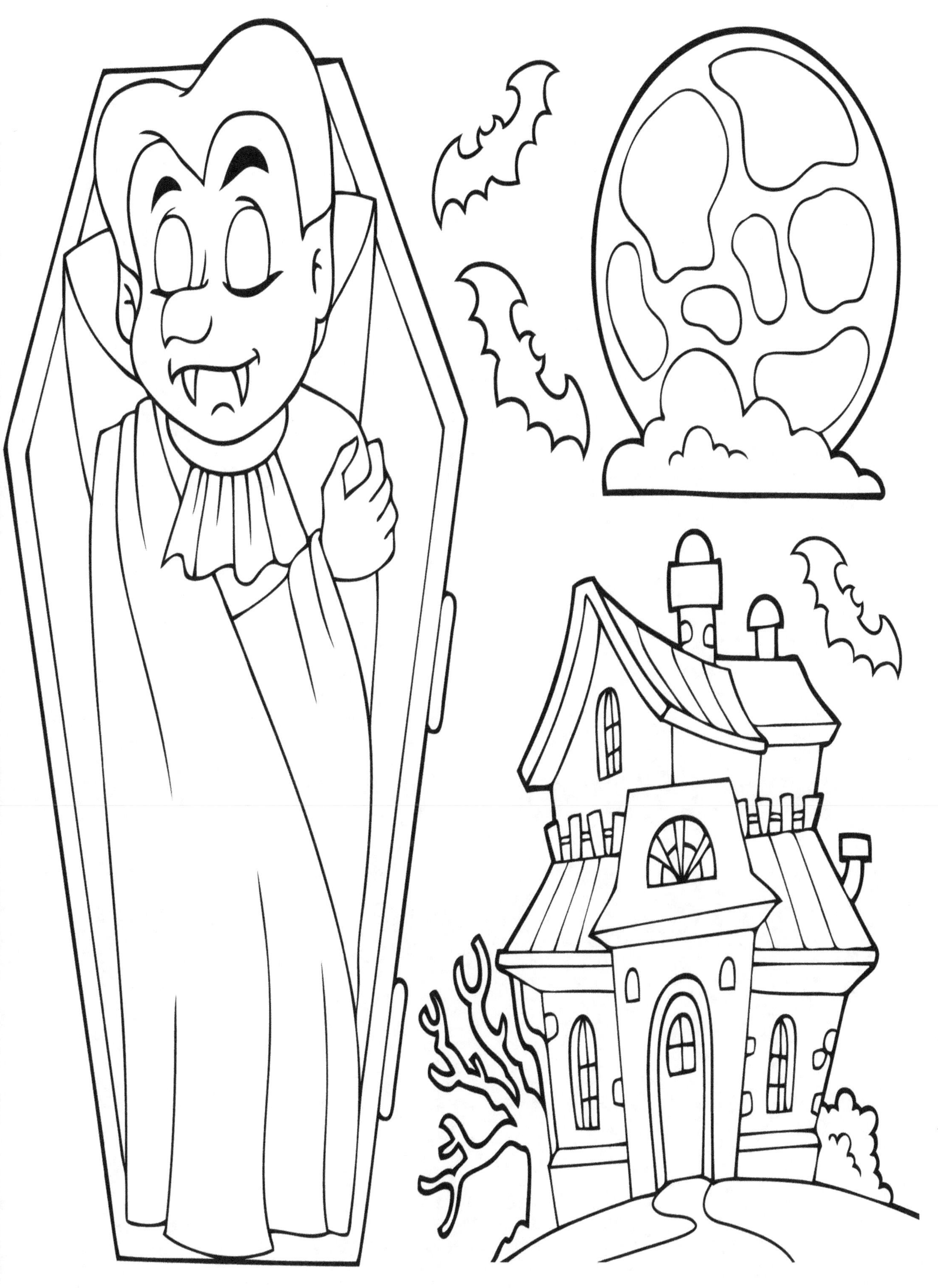

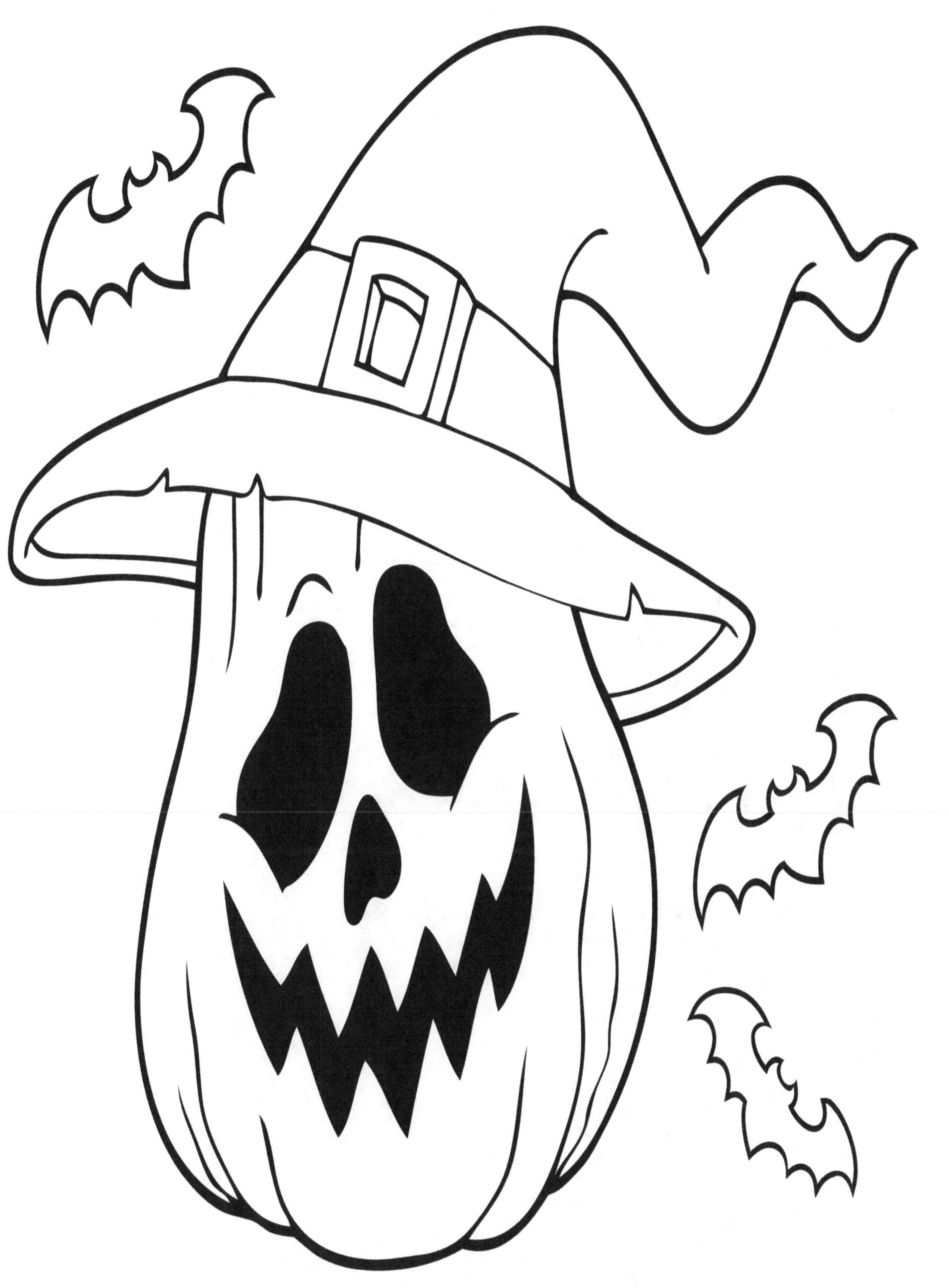

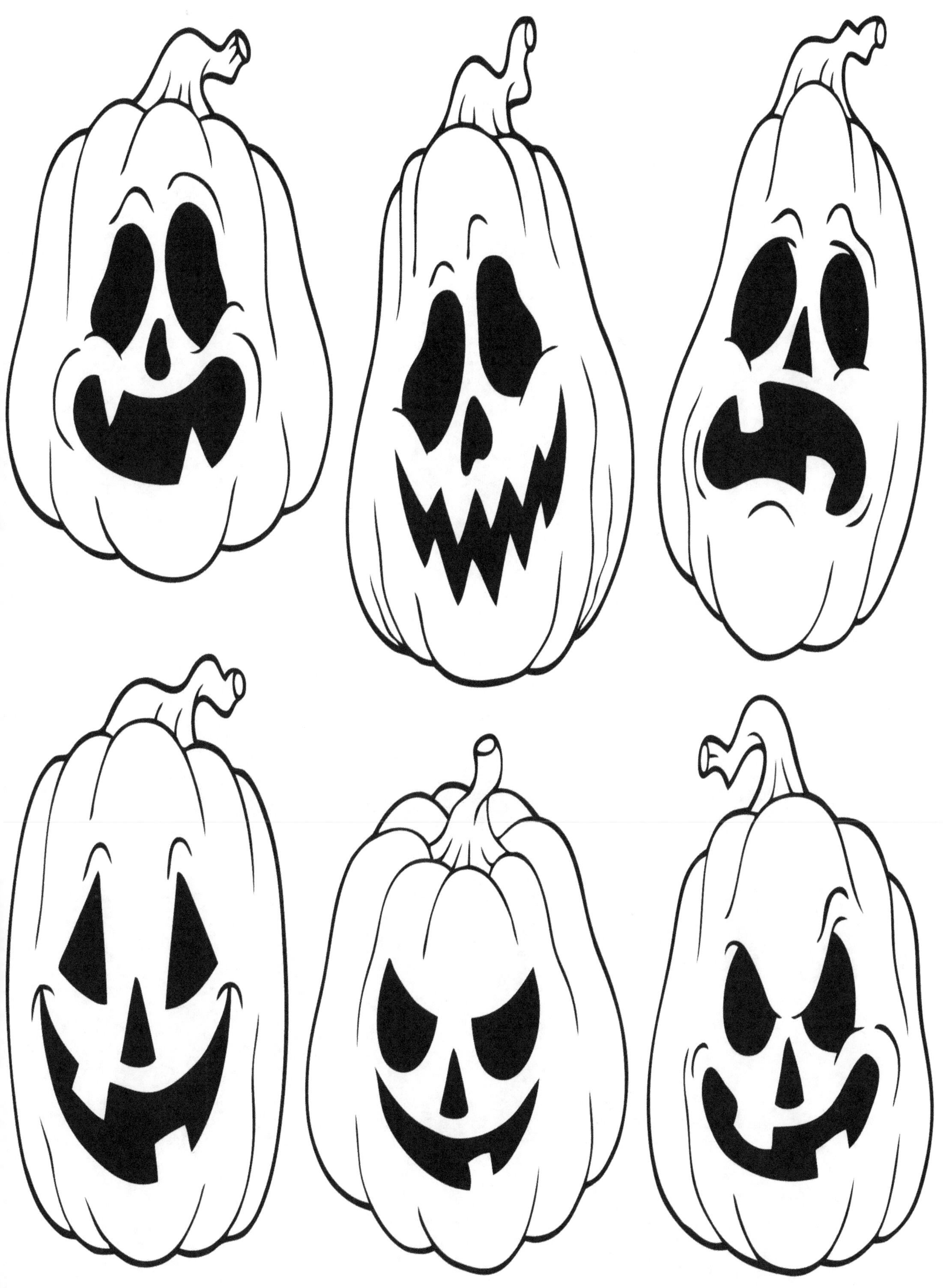

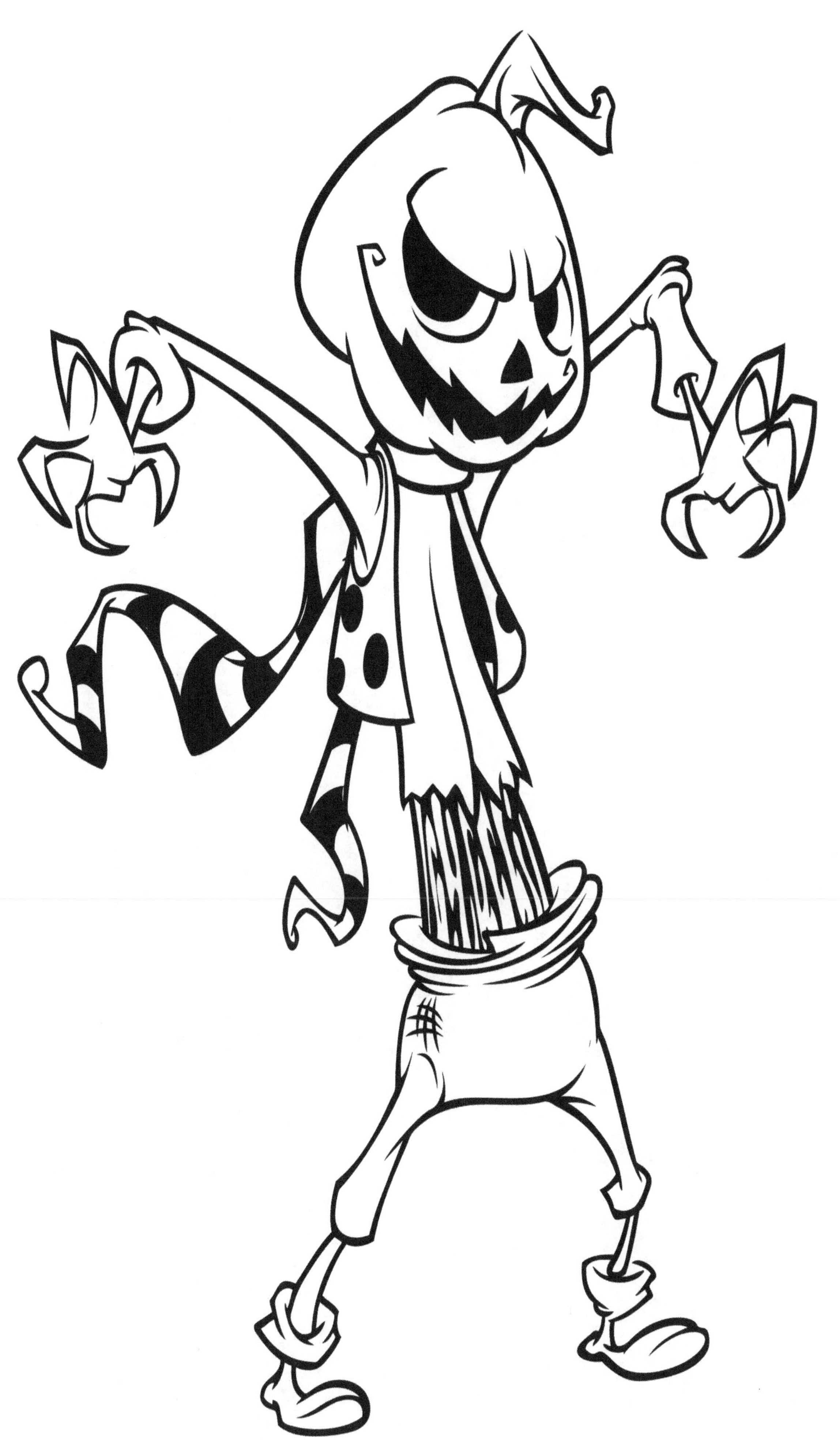

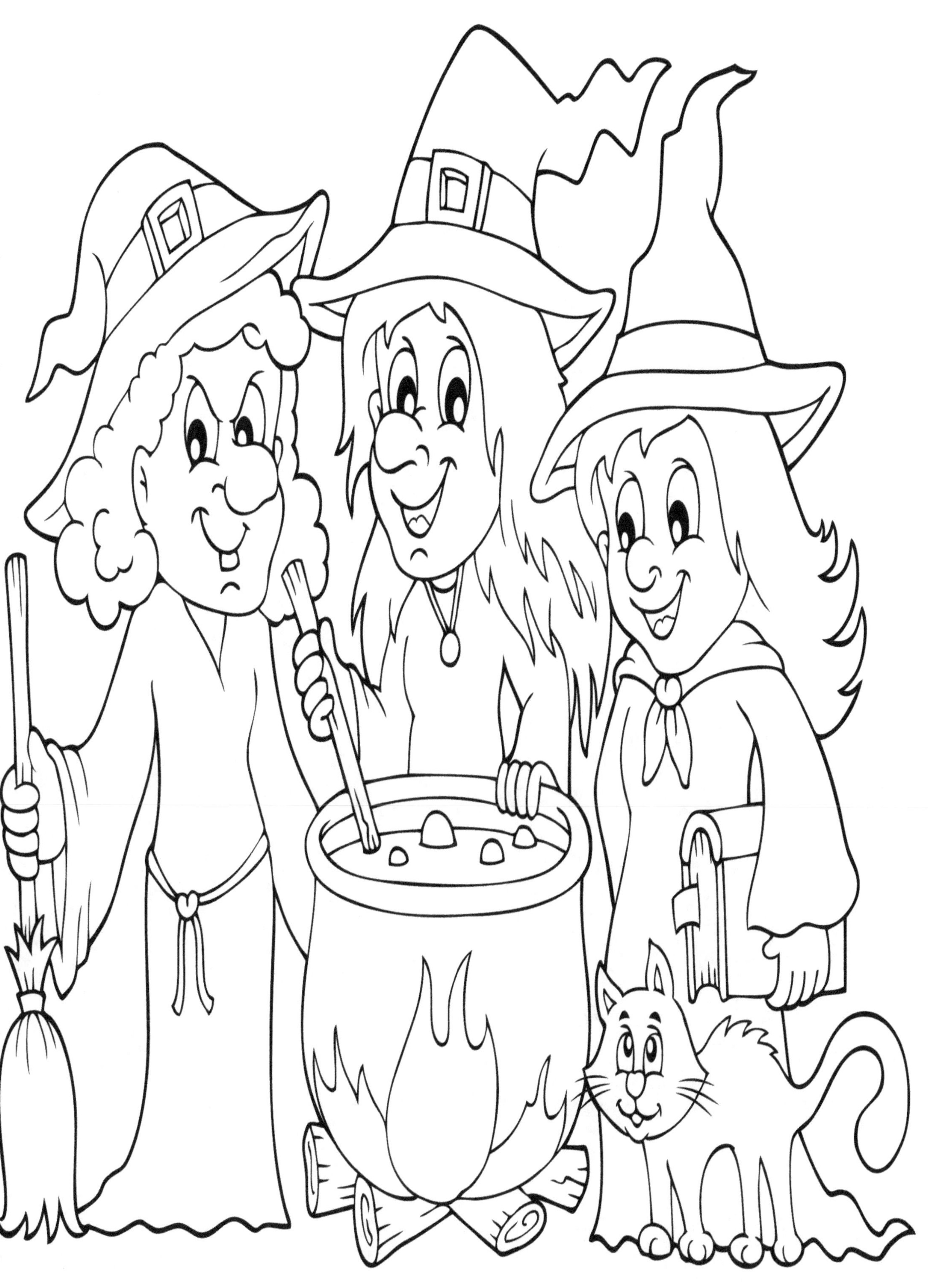

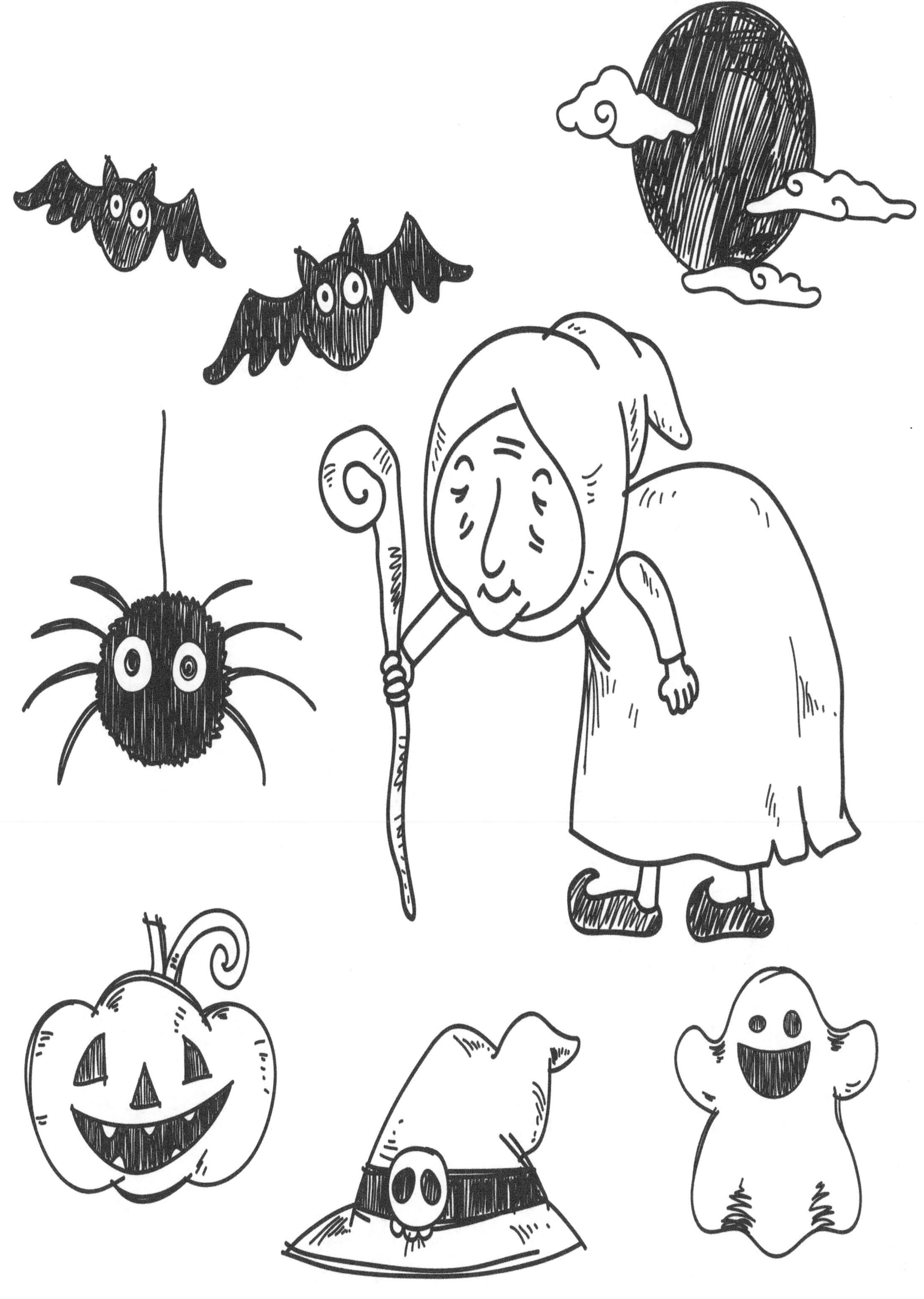

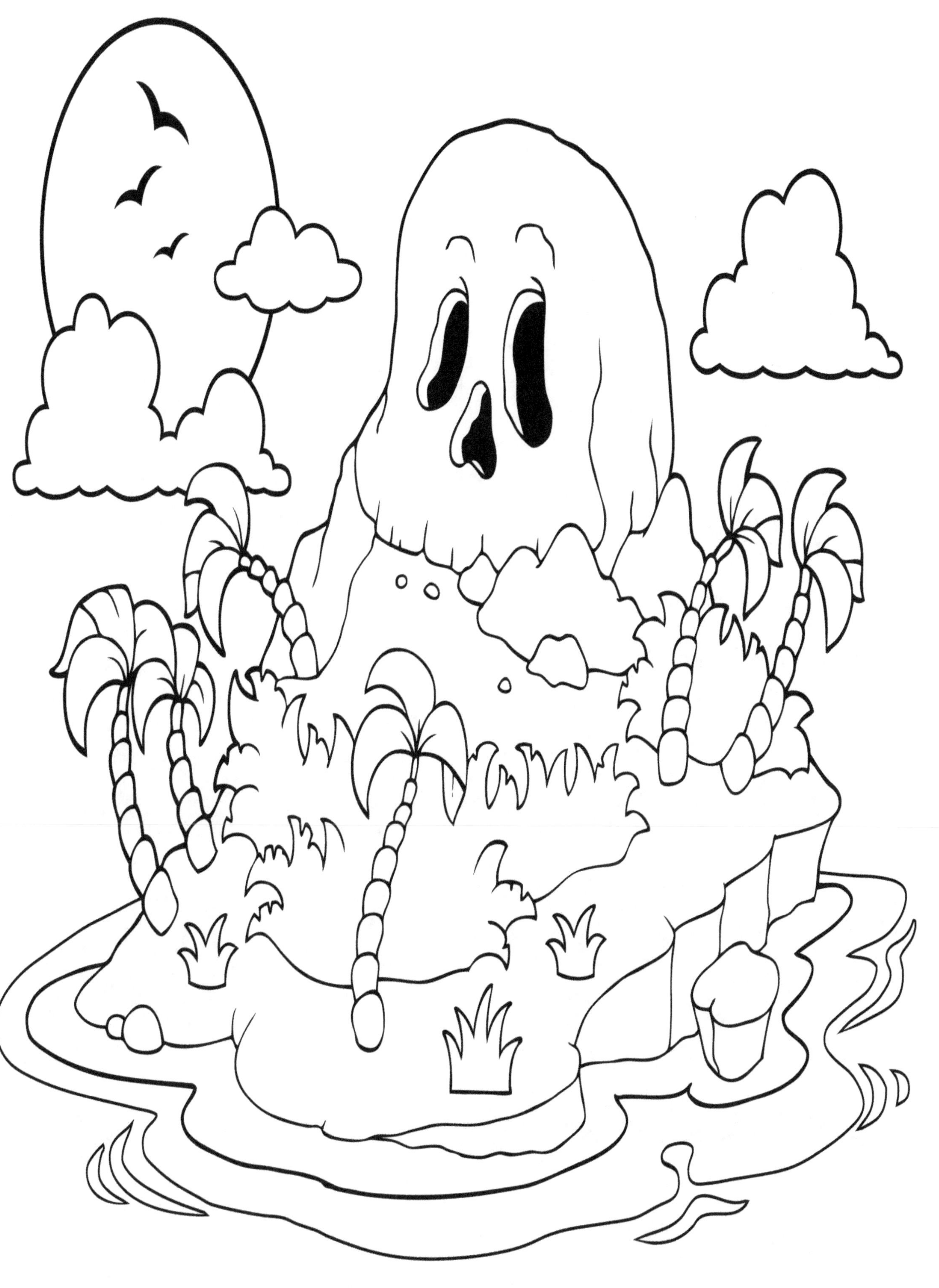

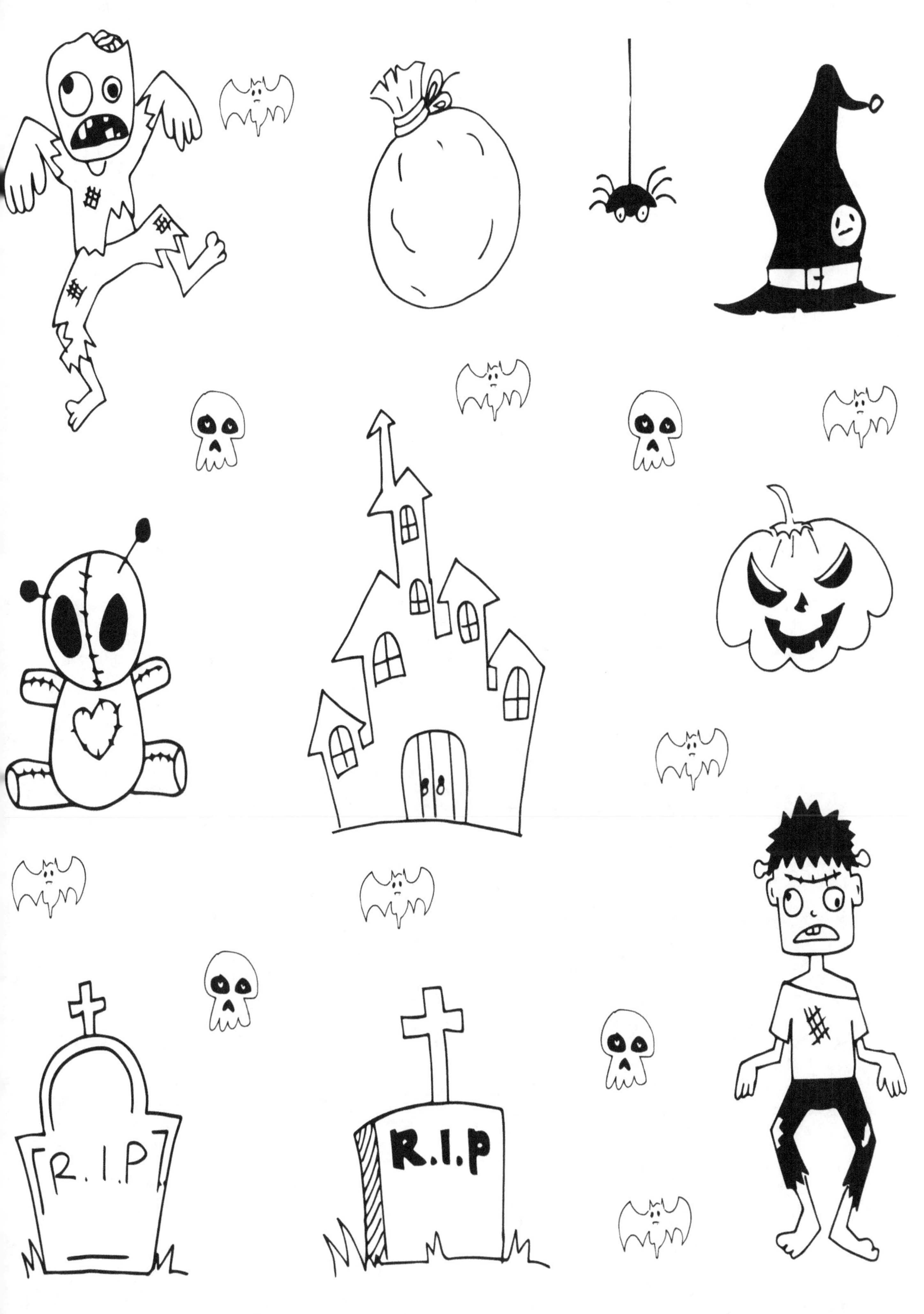

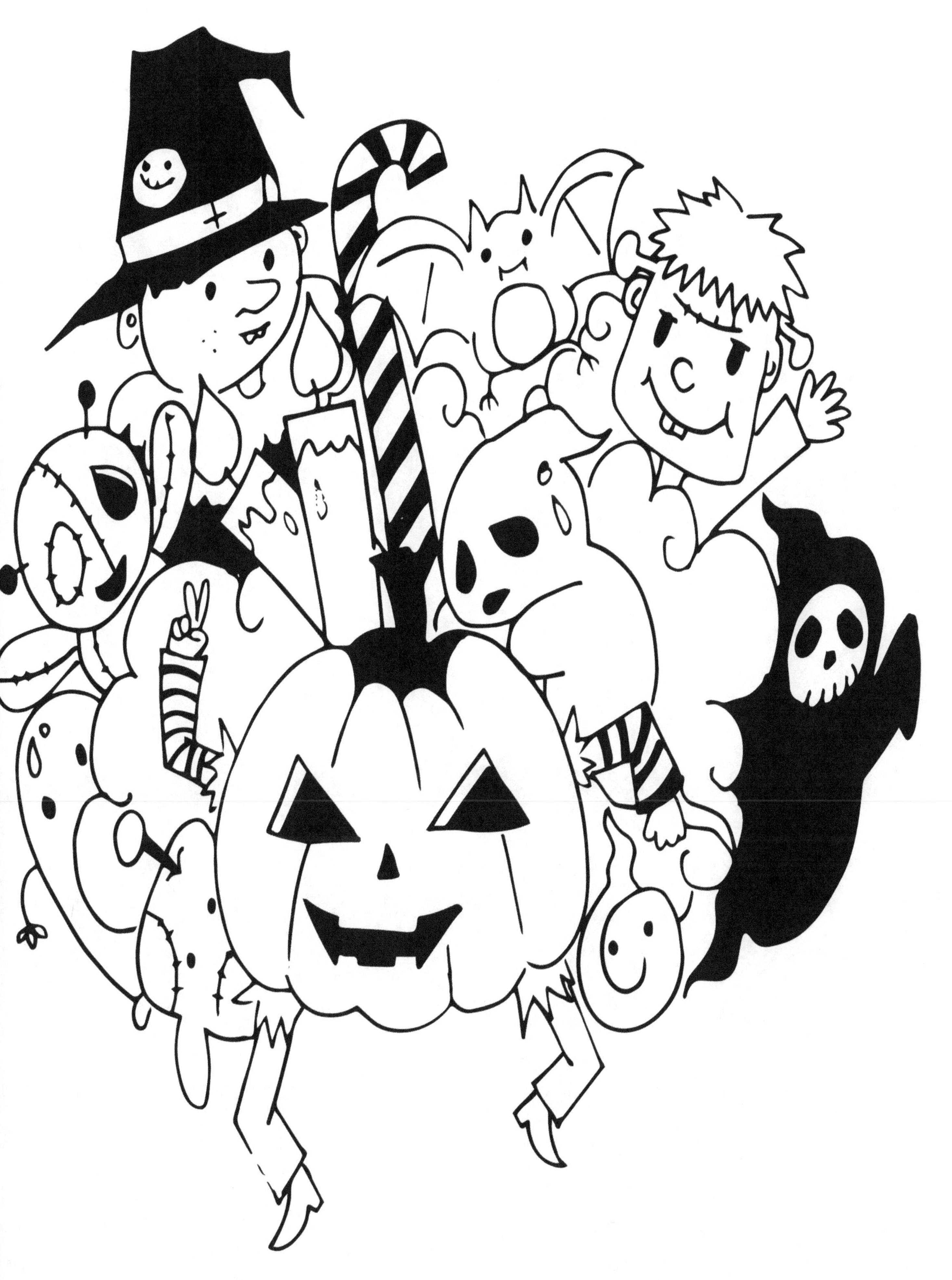

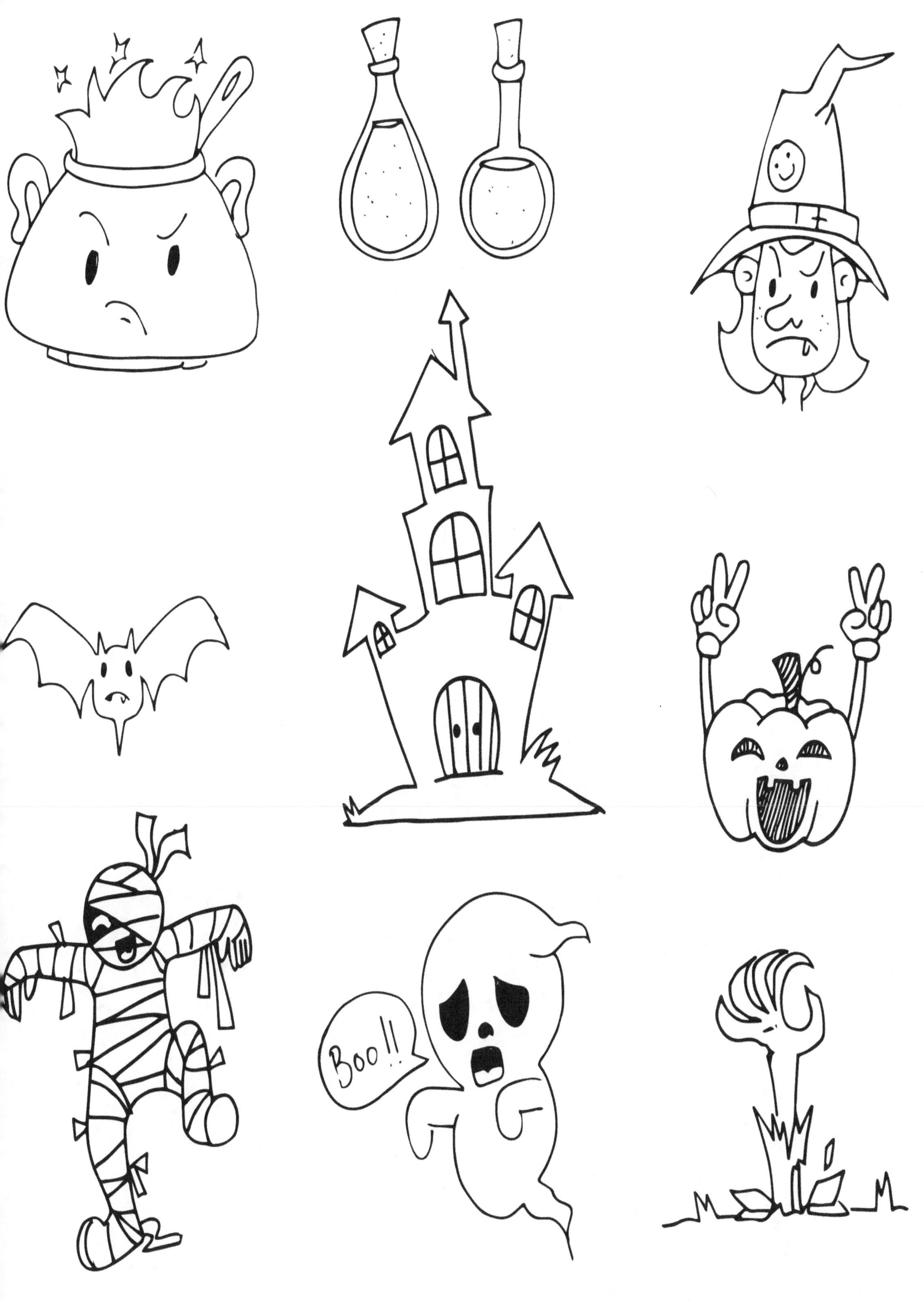
Boo!!

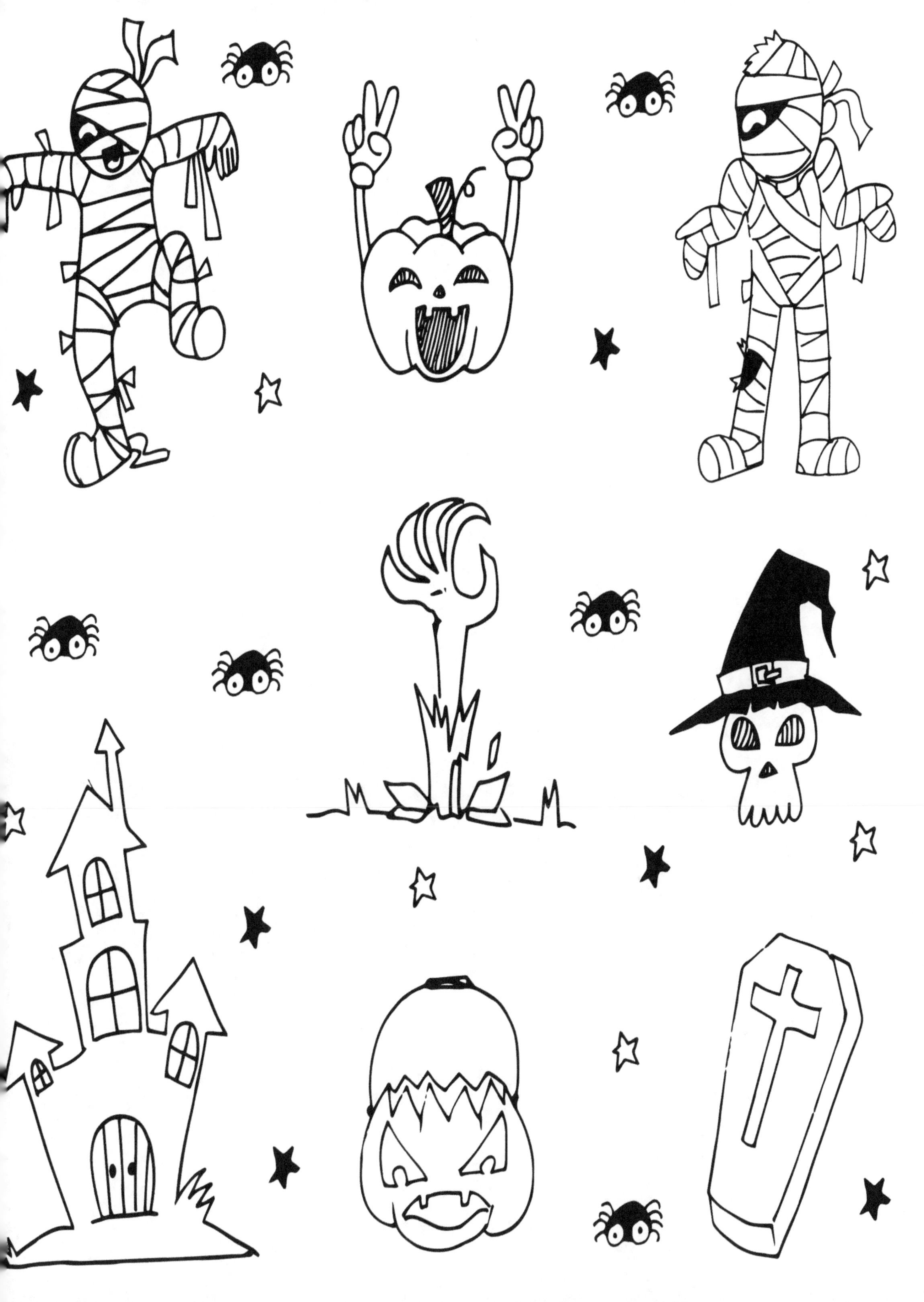

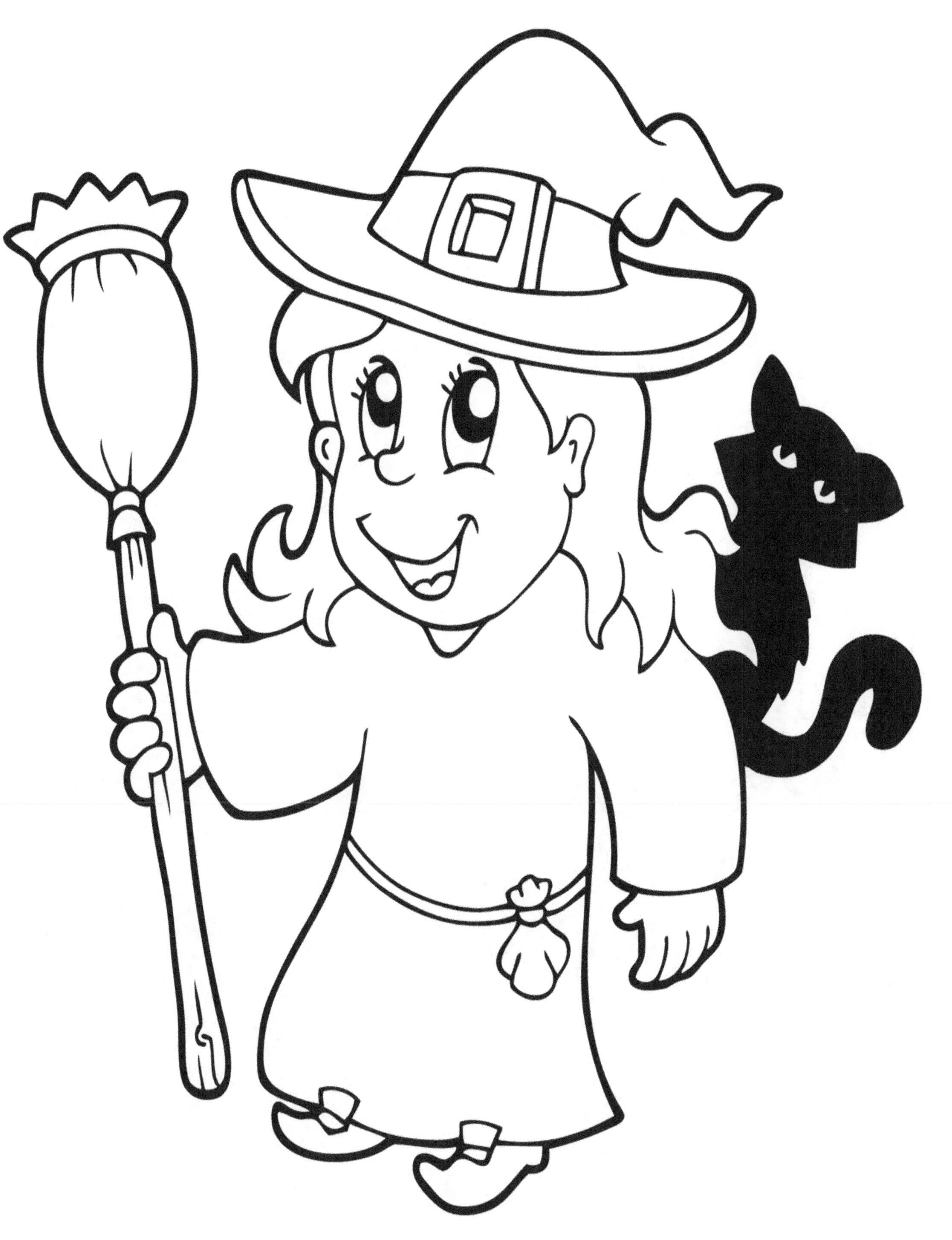

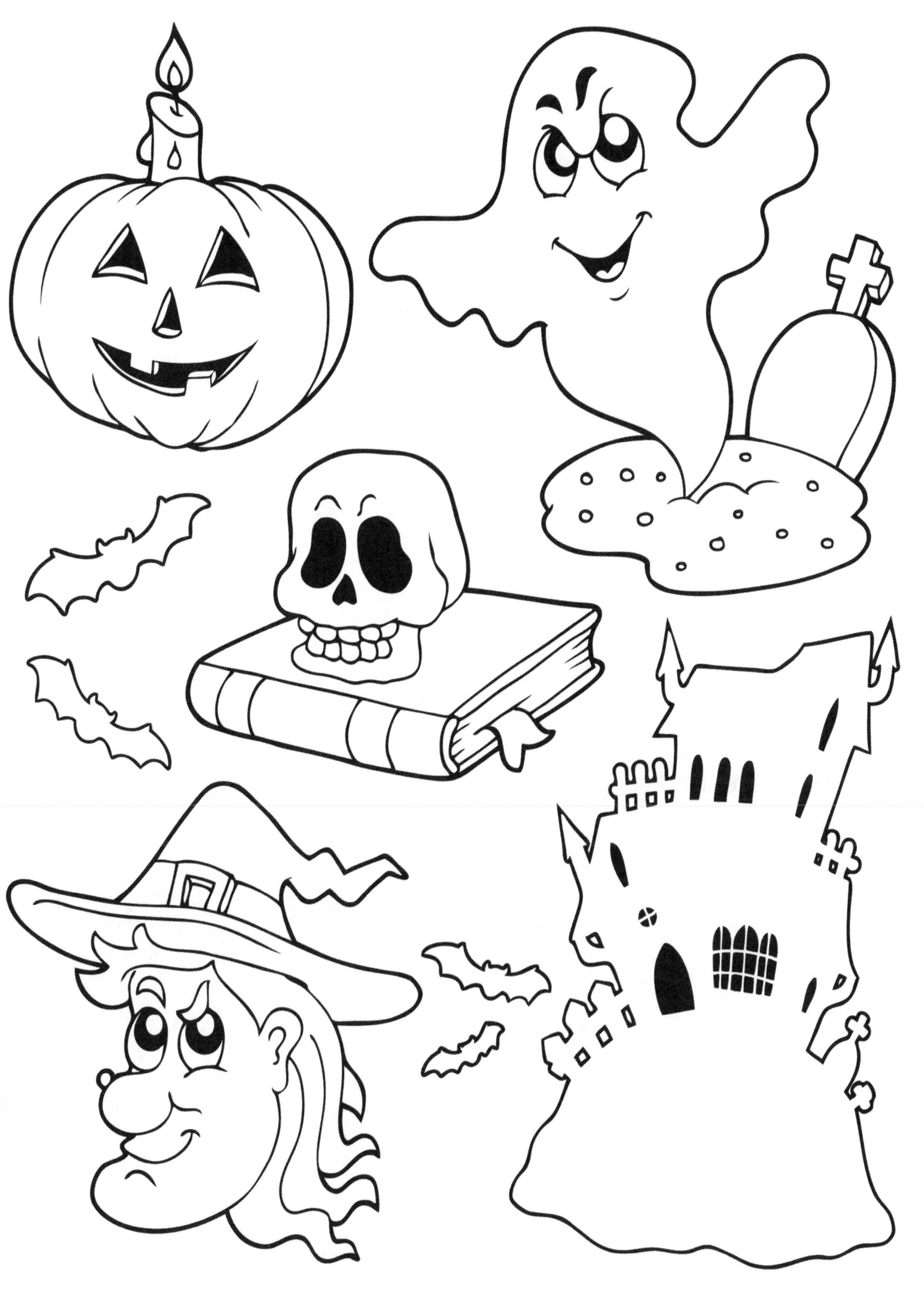

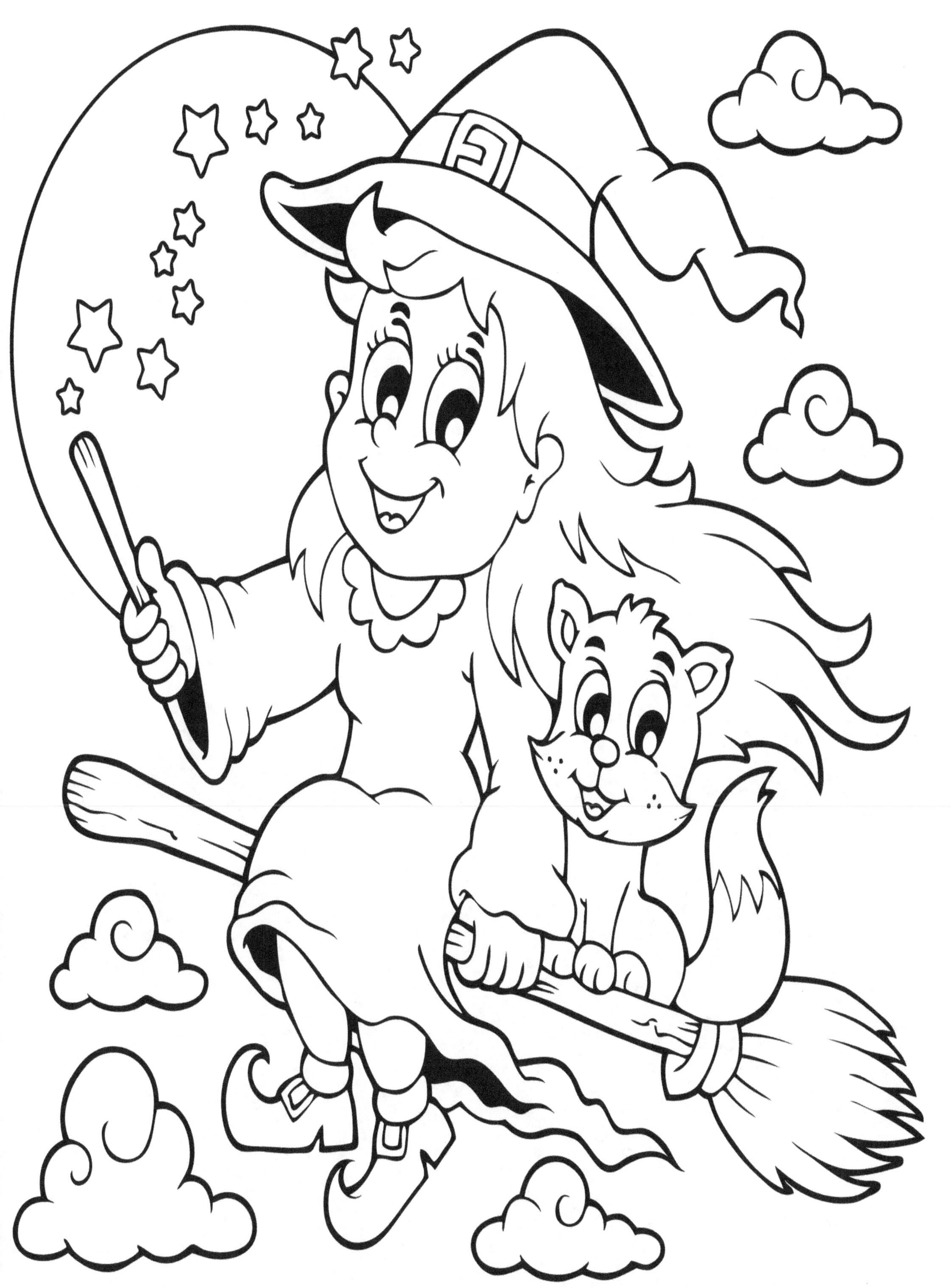

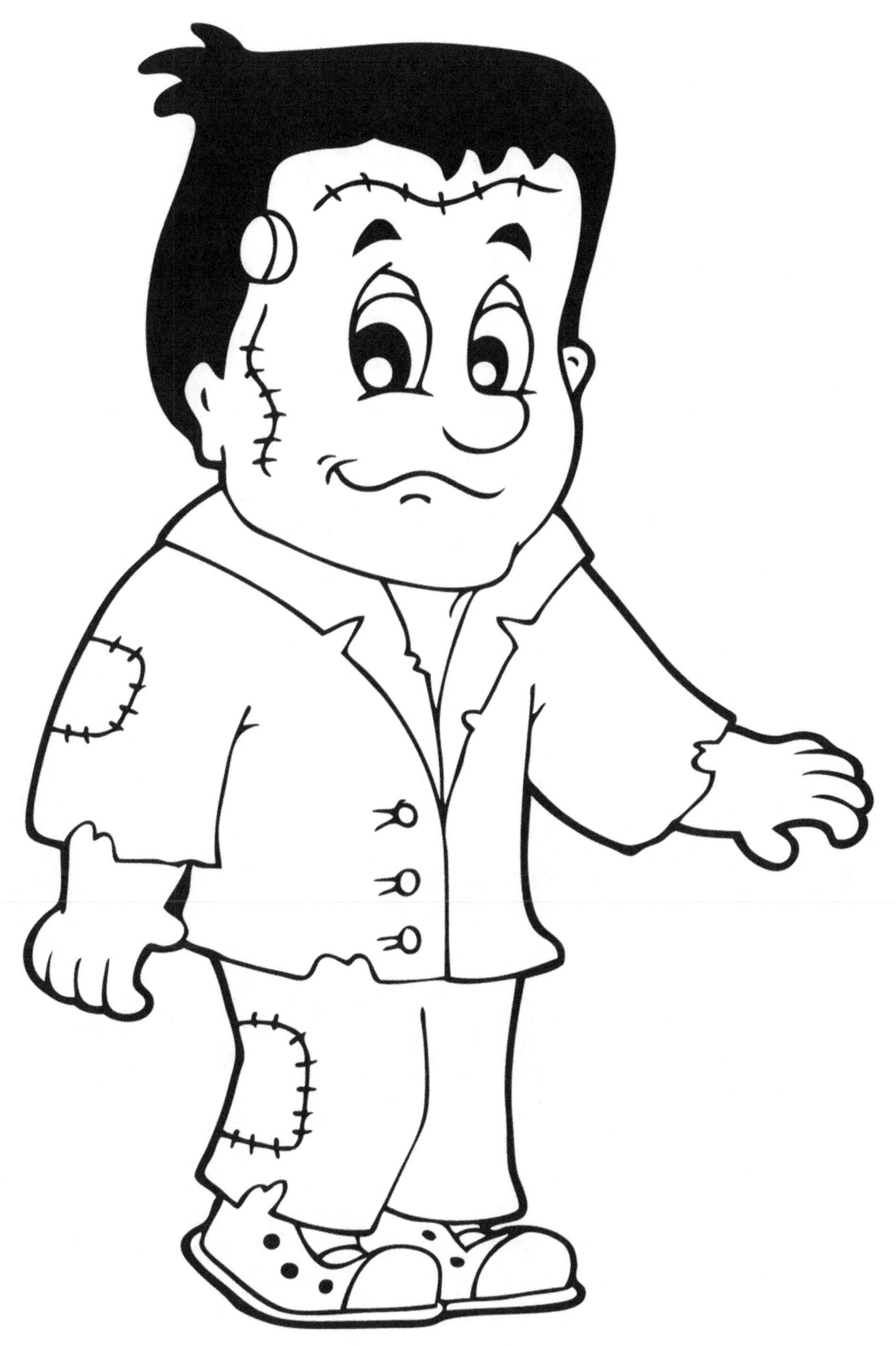

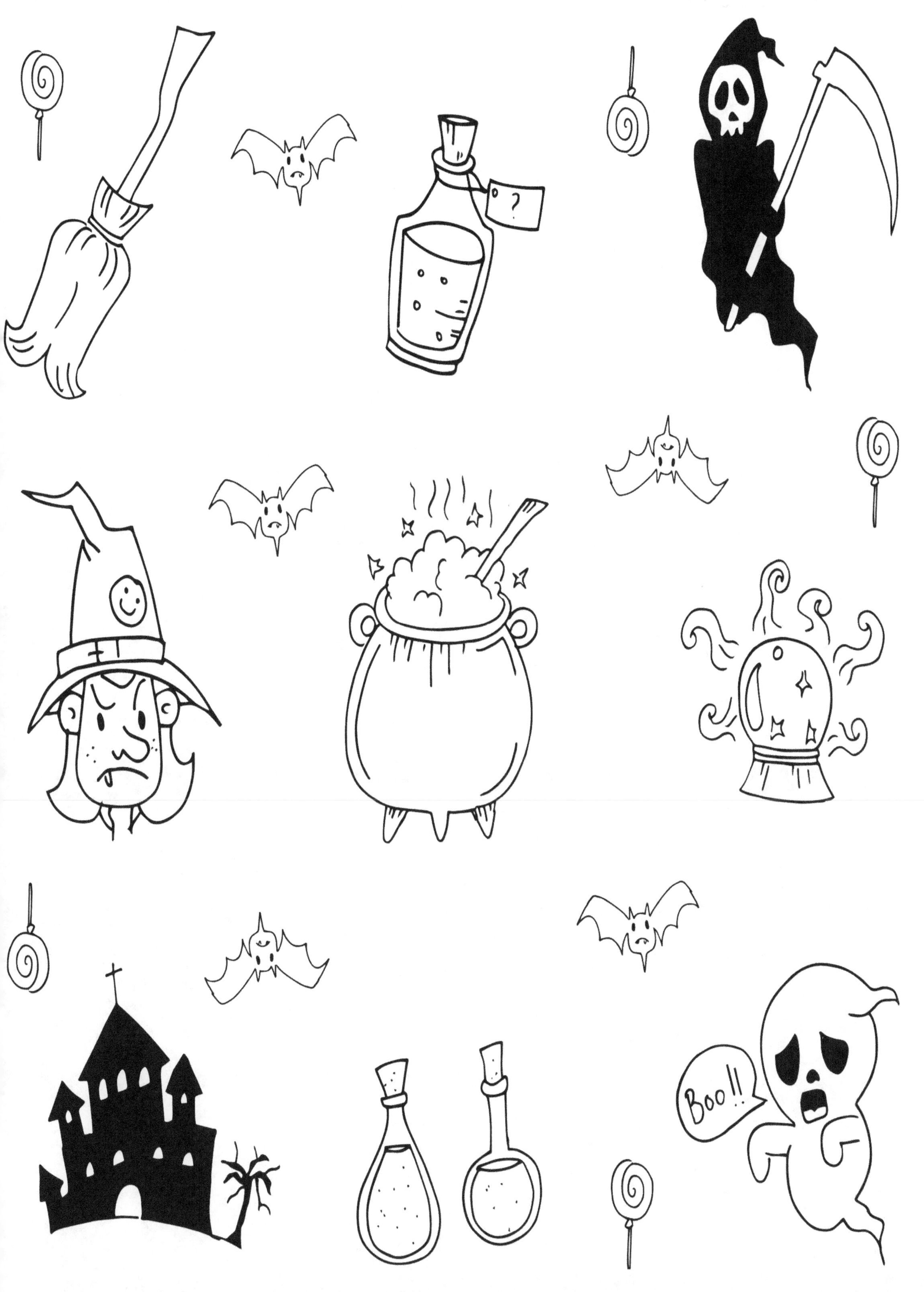

Boo !!

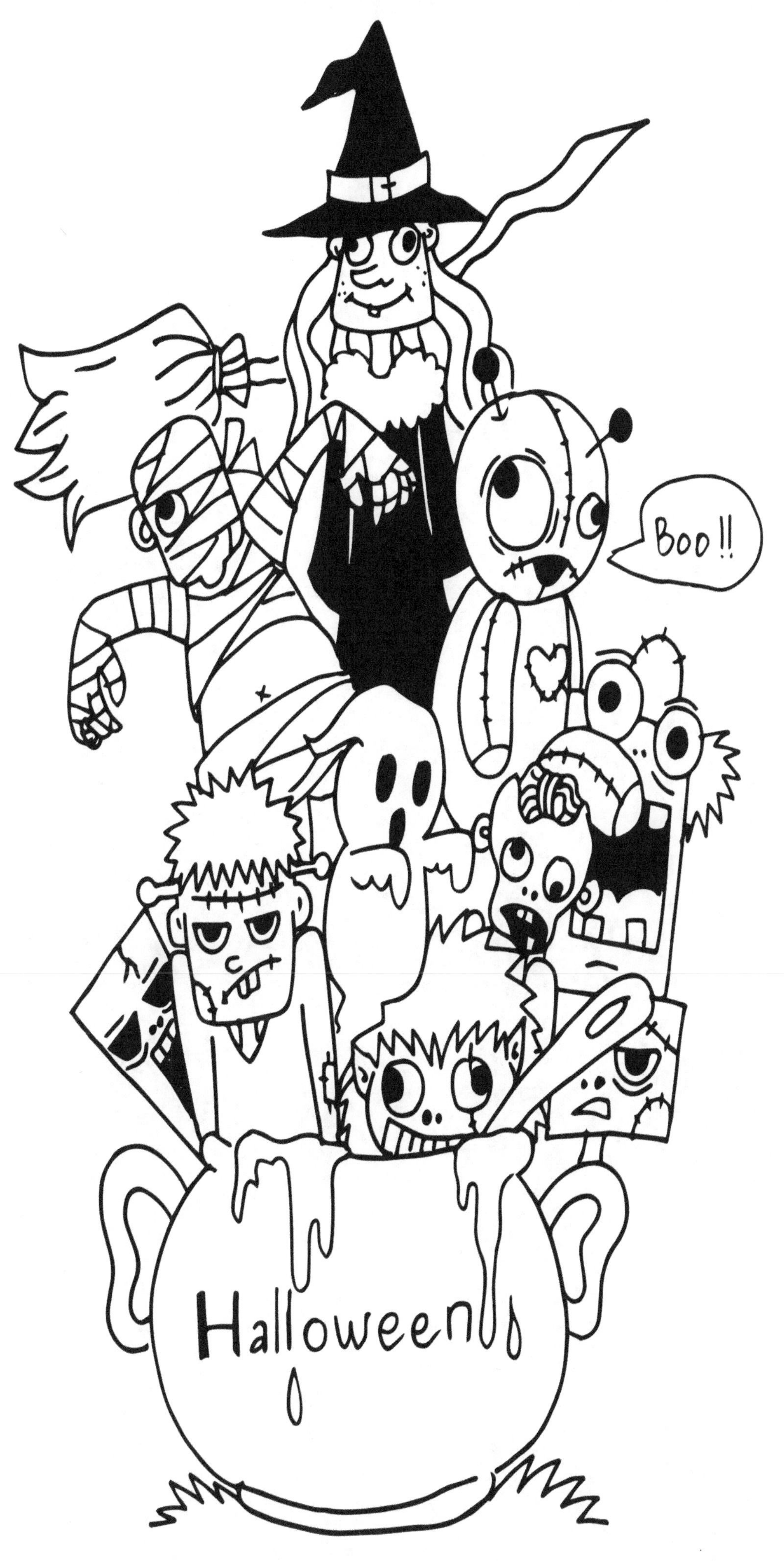
Boo!!
Halloween

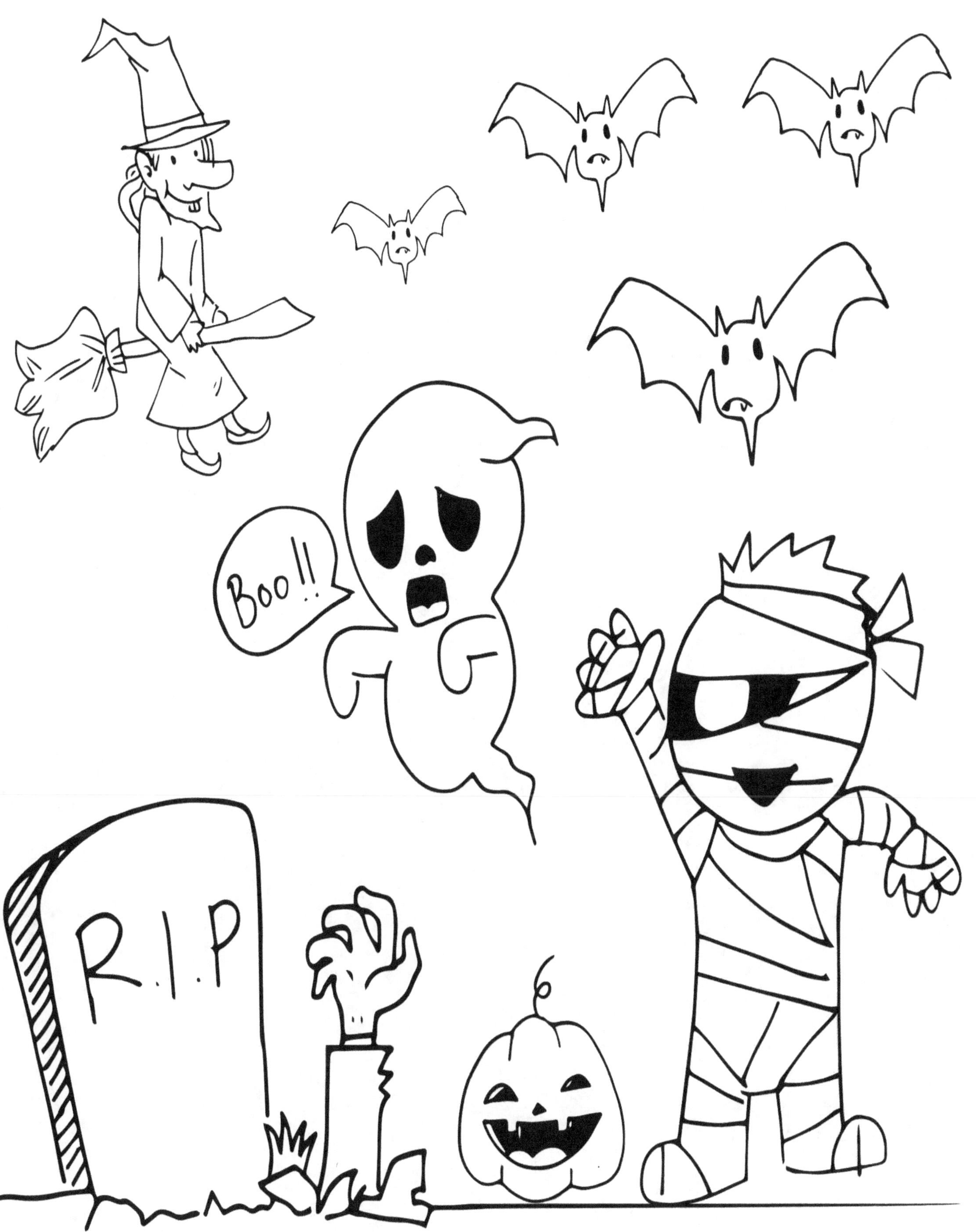

Boo!!
R.I.P

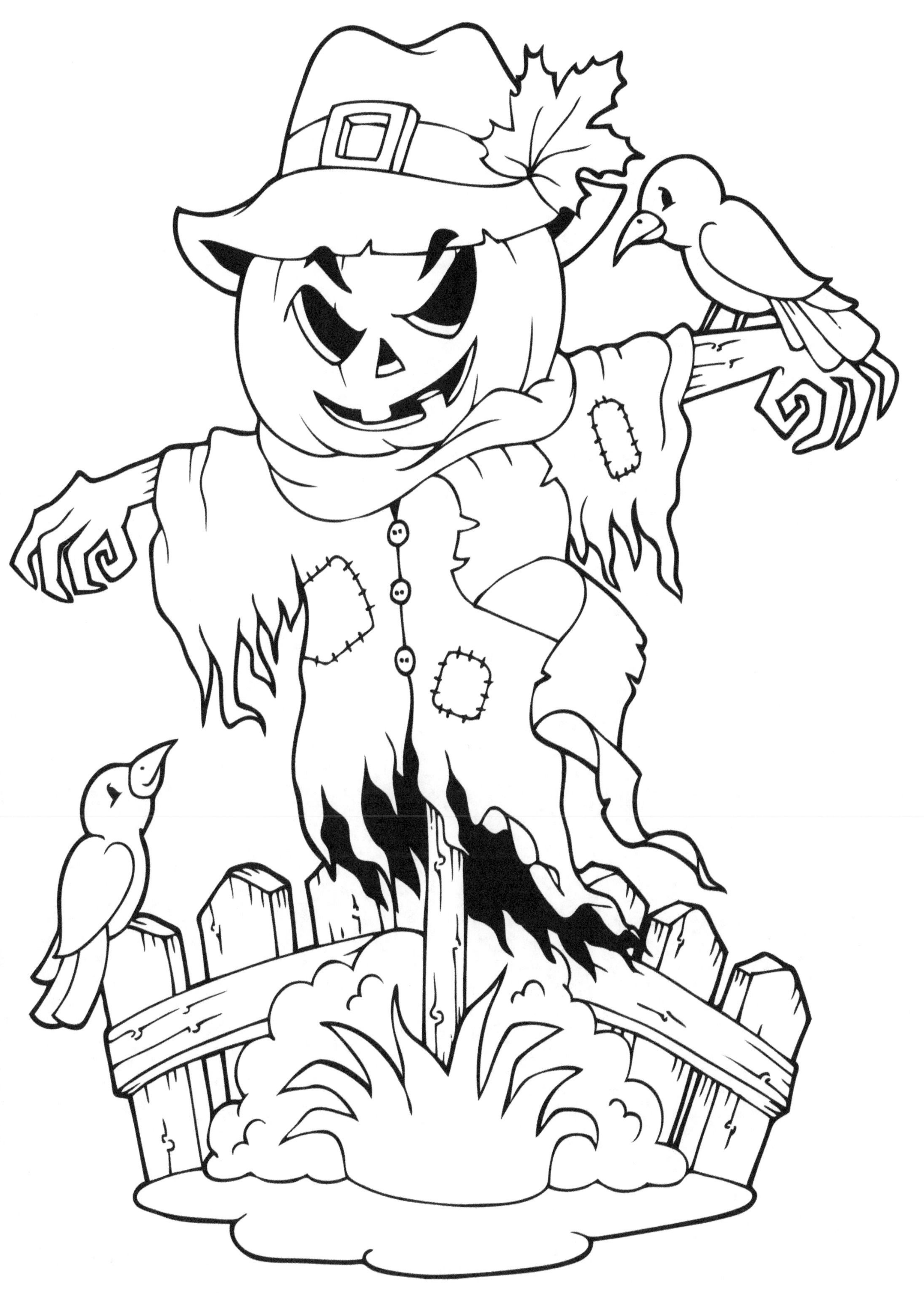

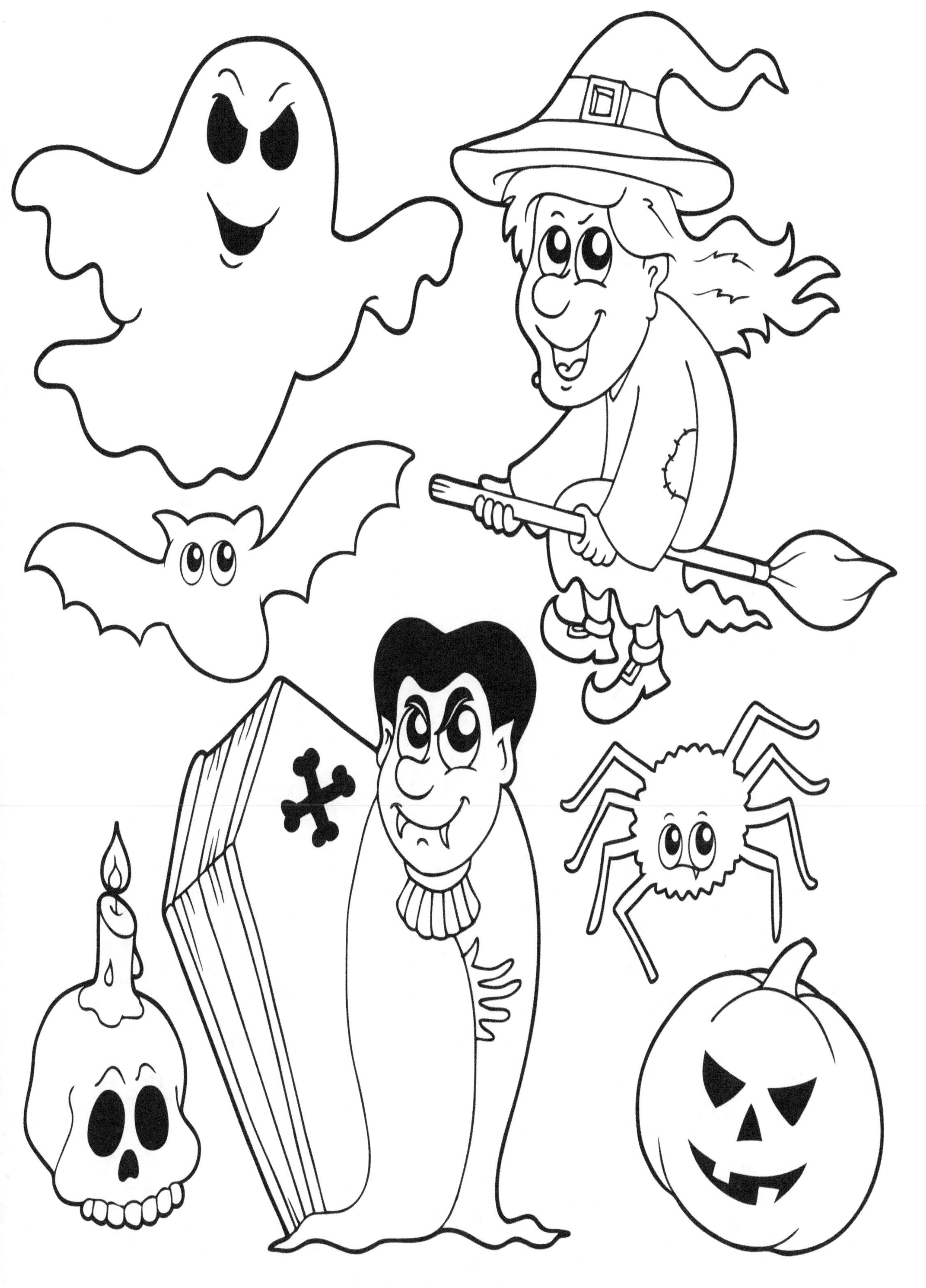

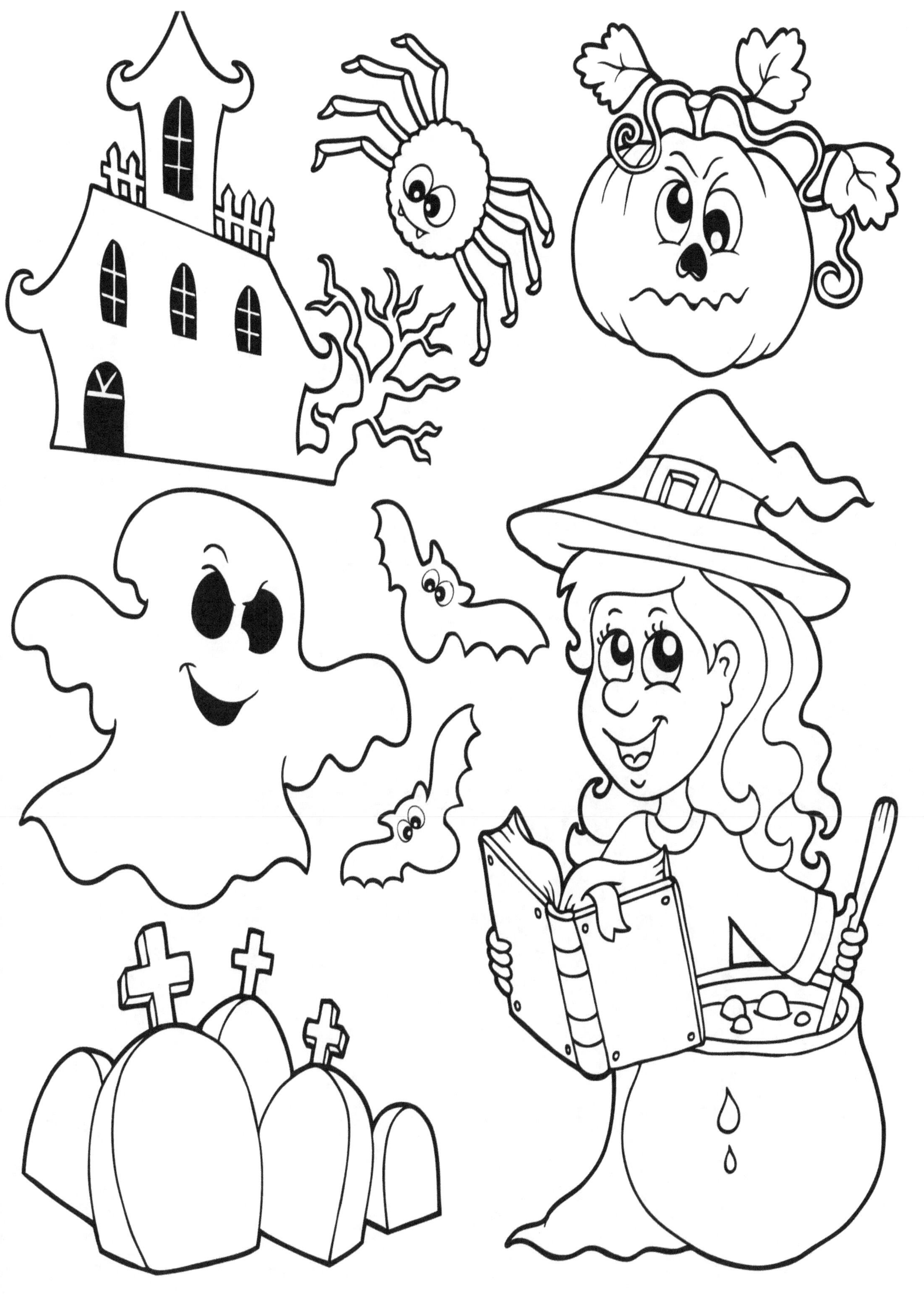

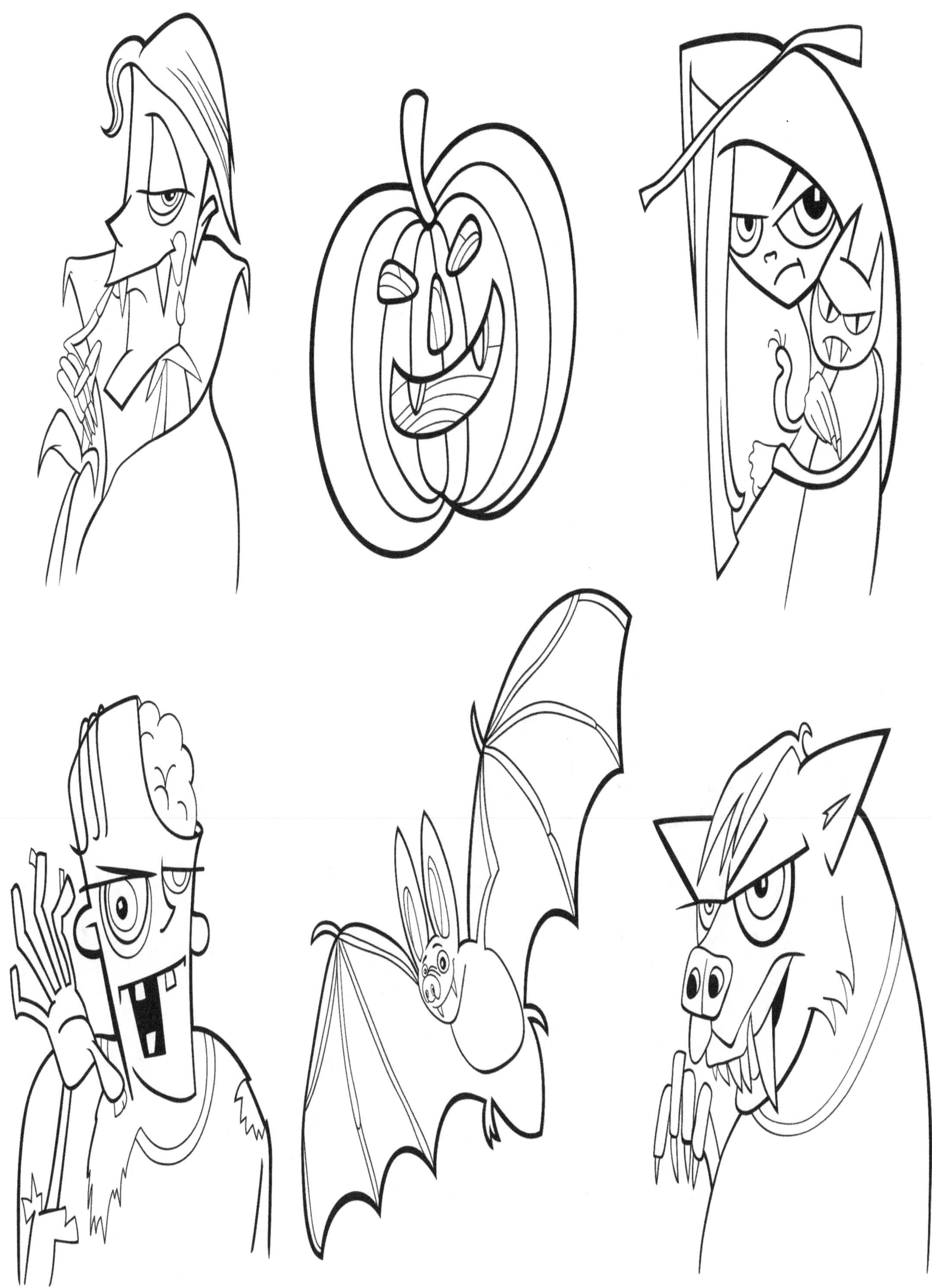

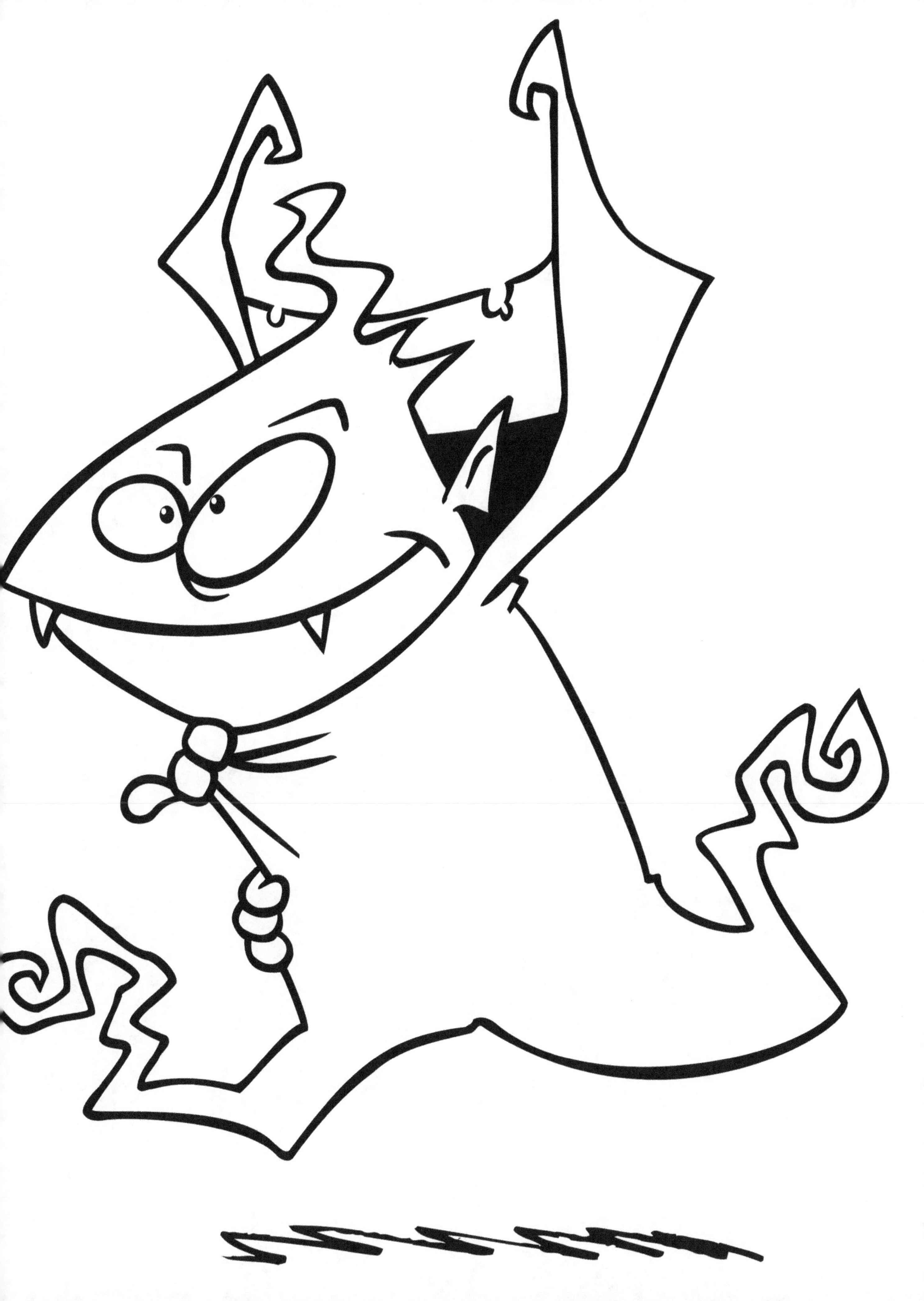

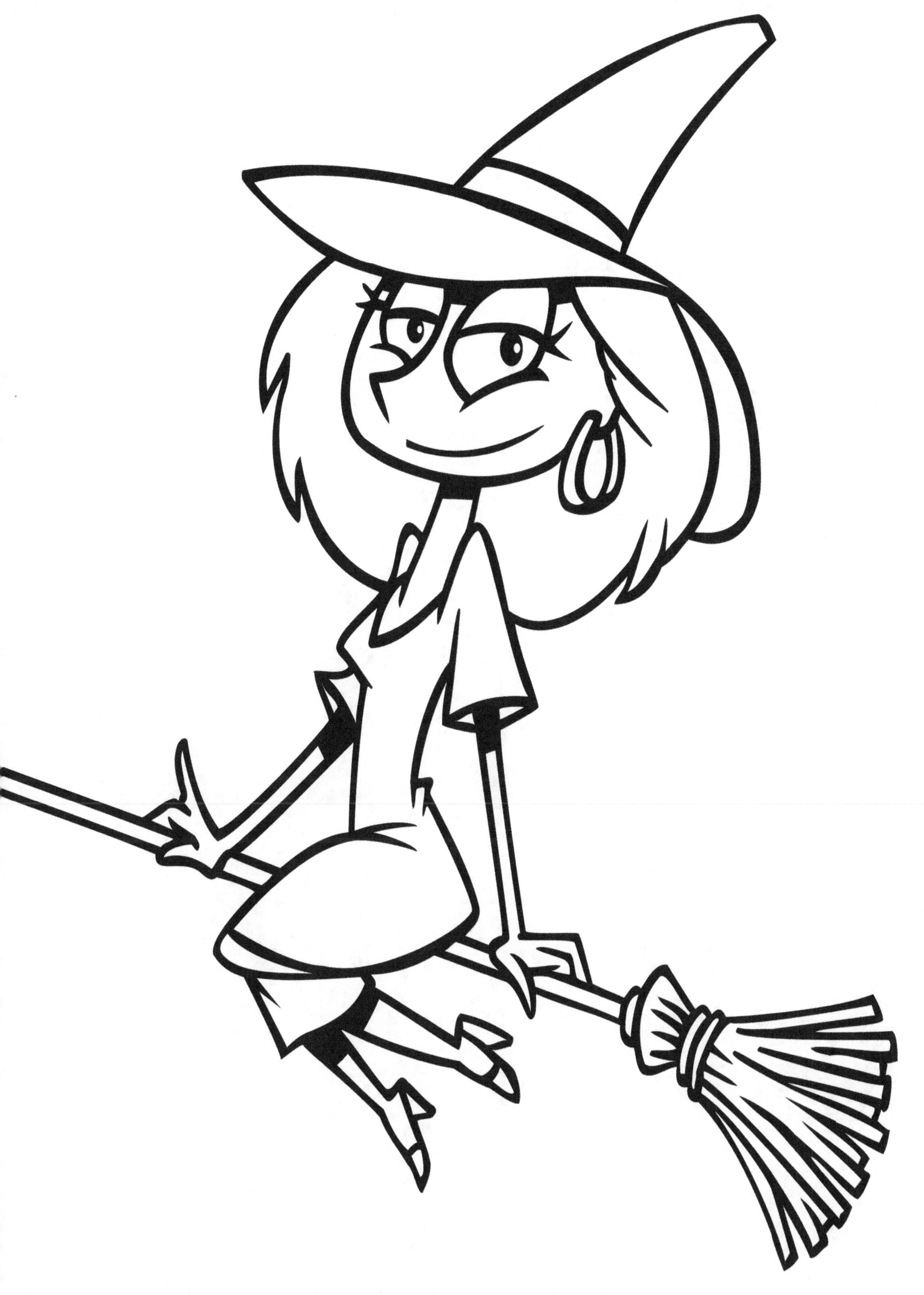

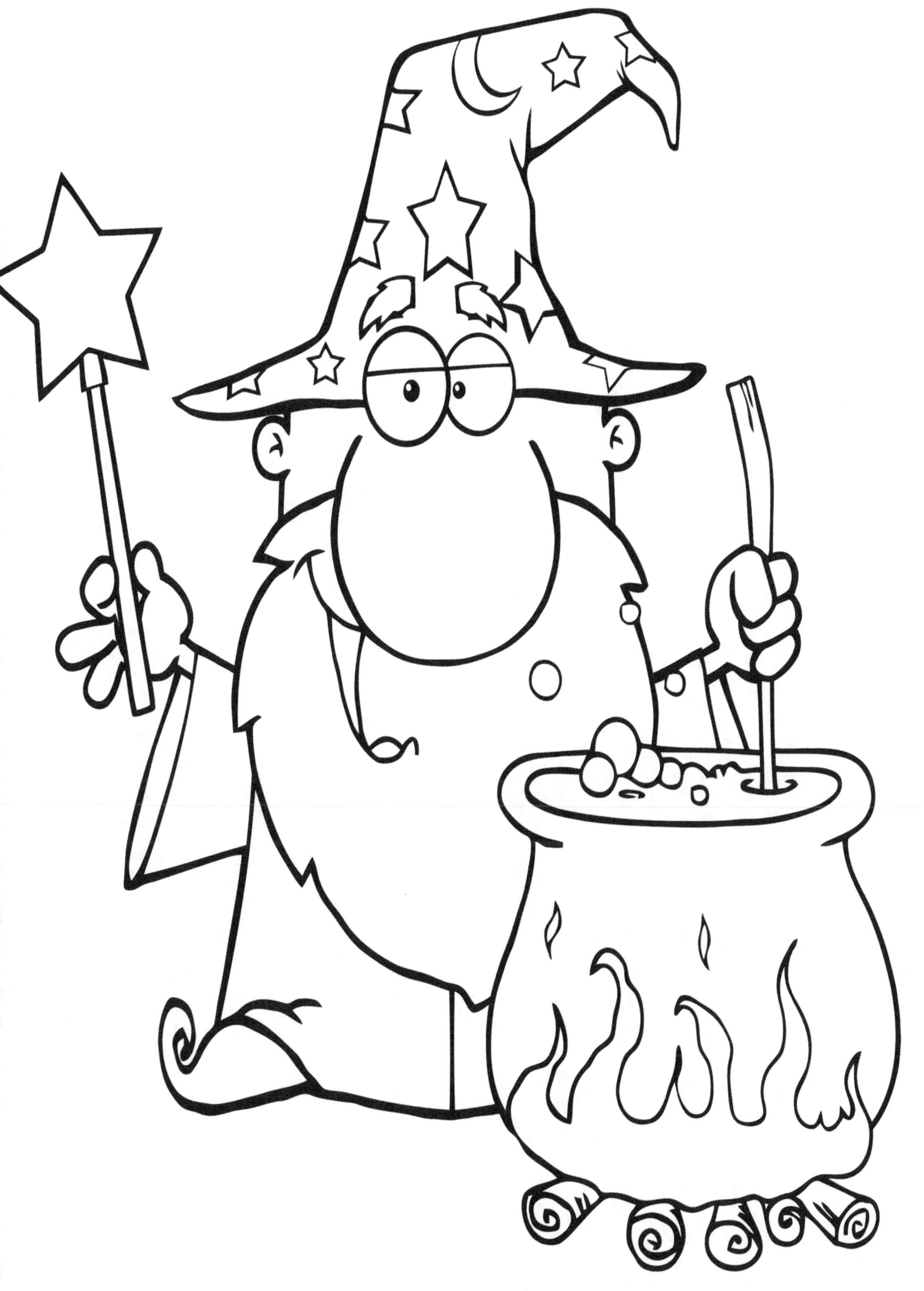

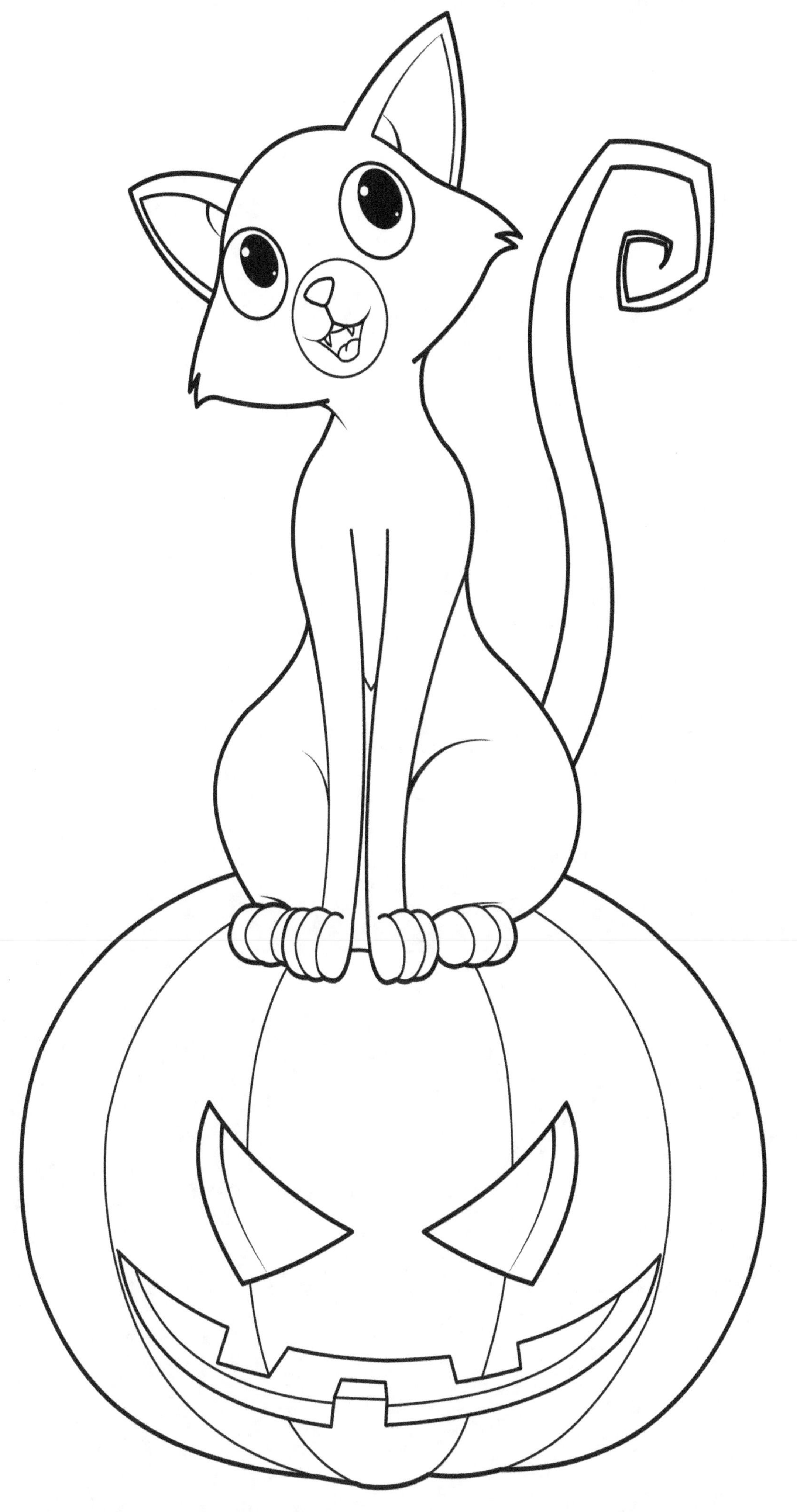

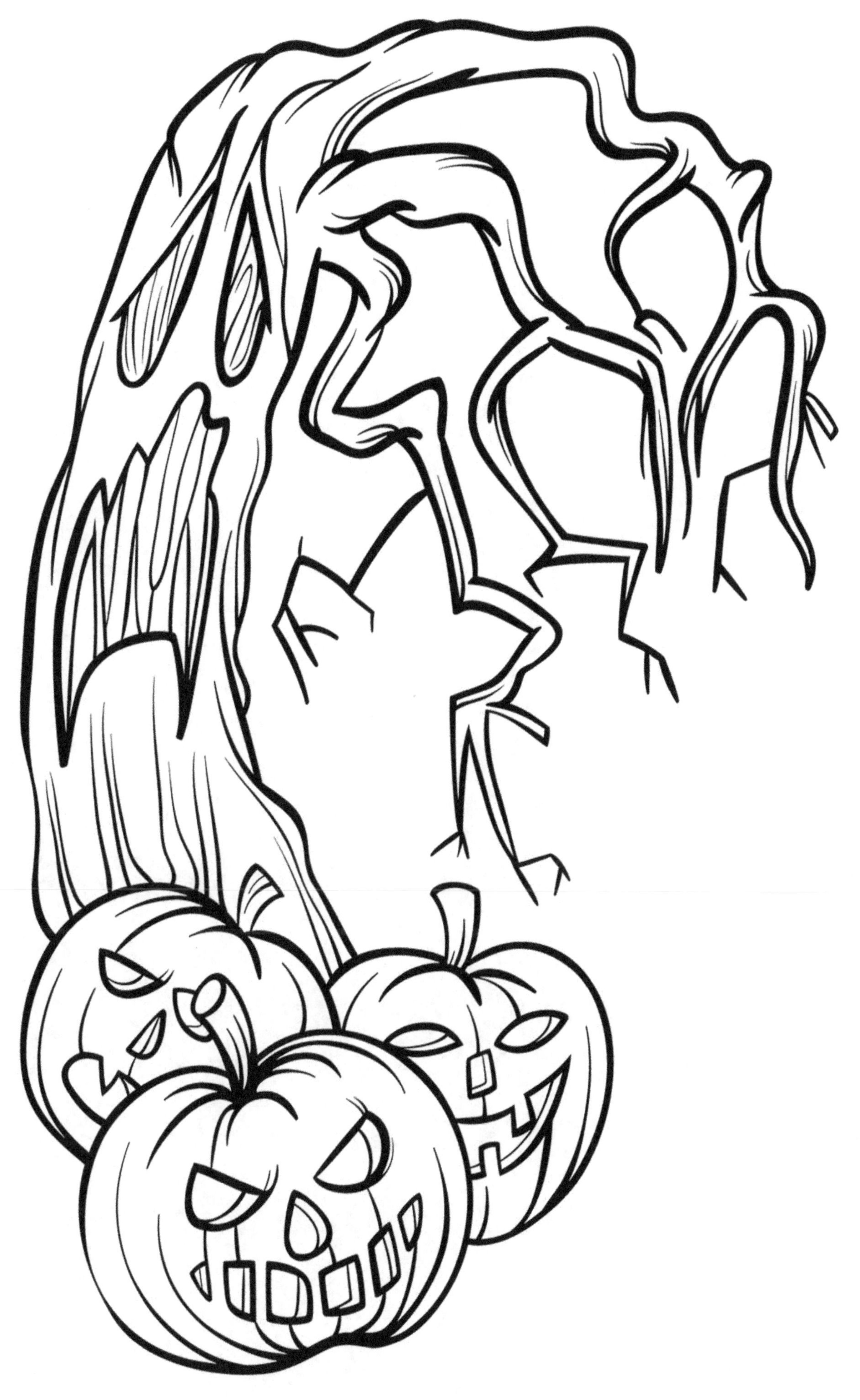

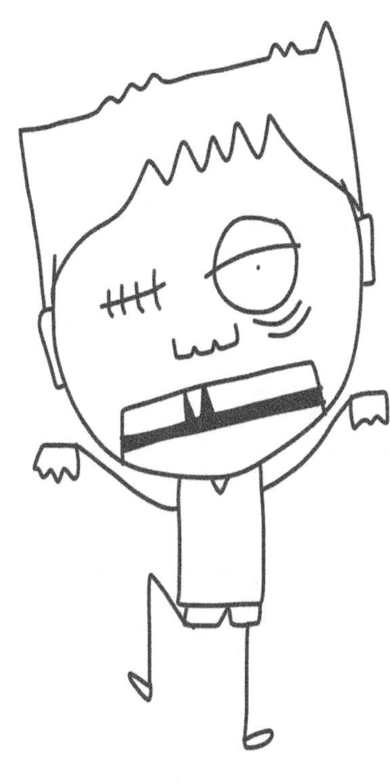

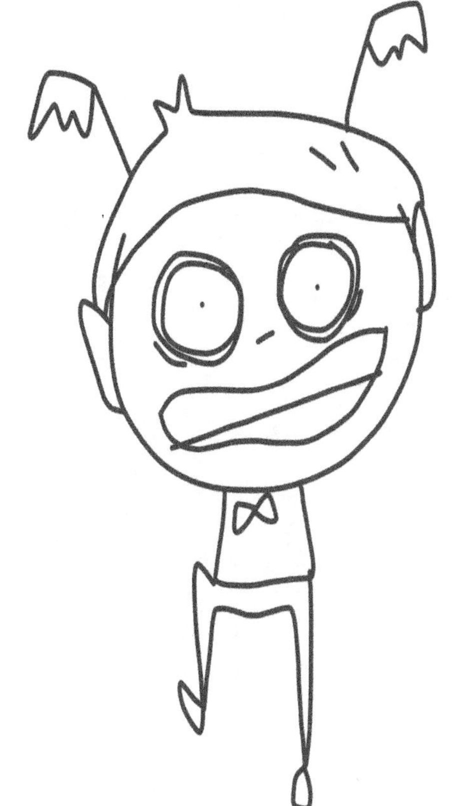

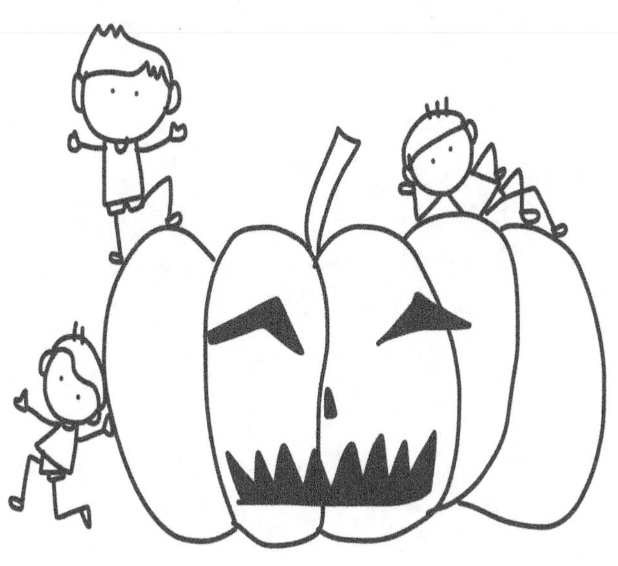

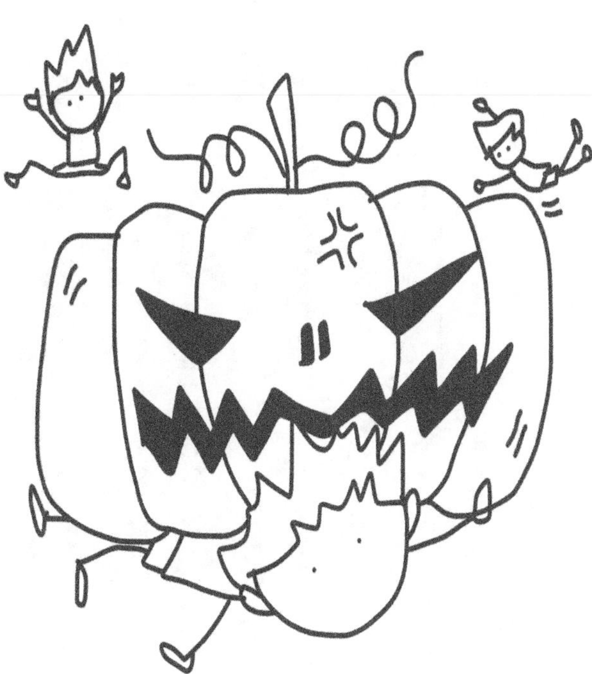

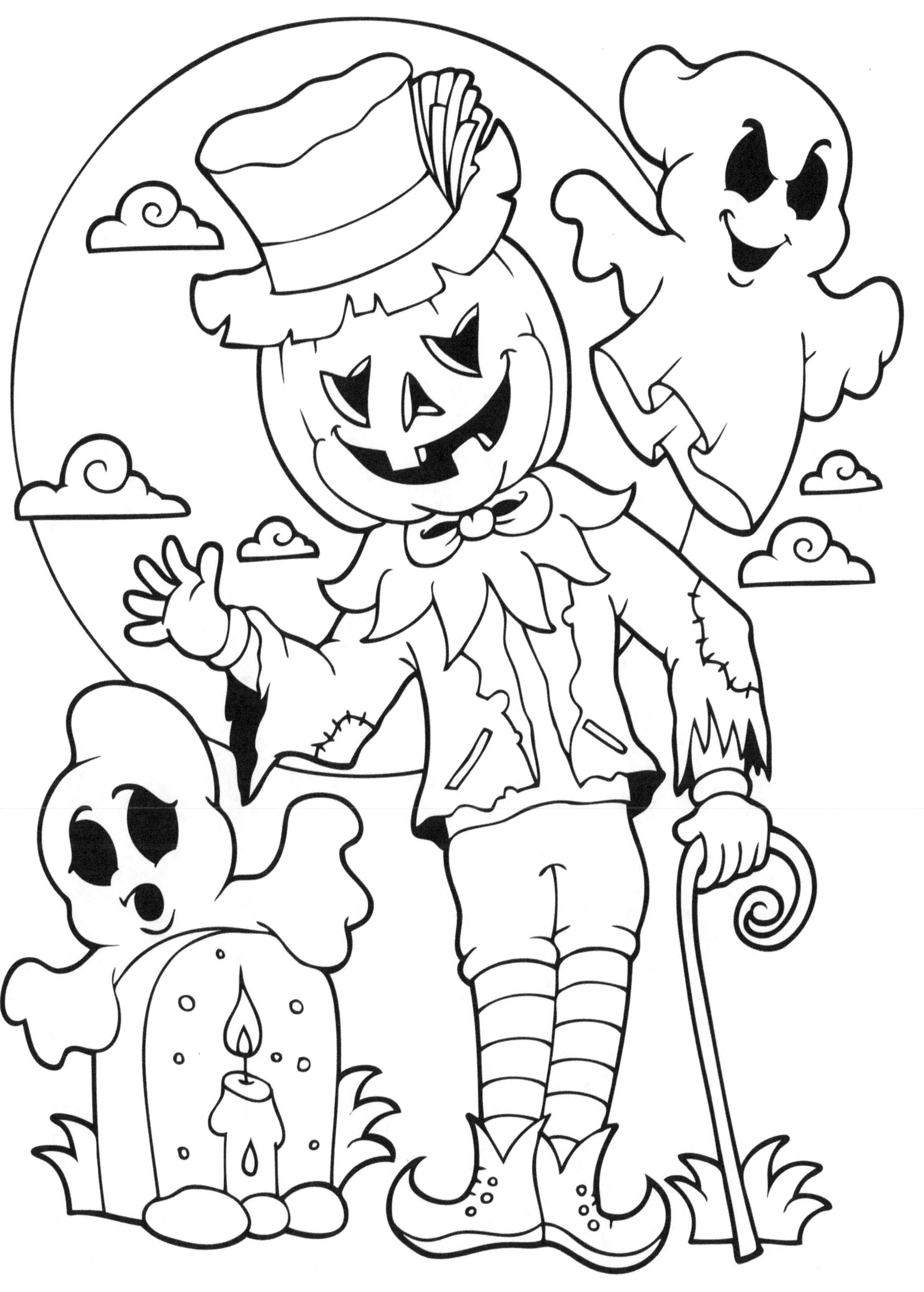

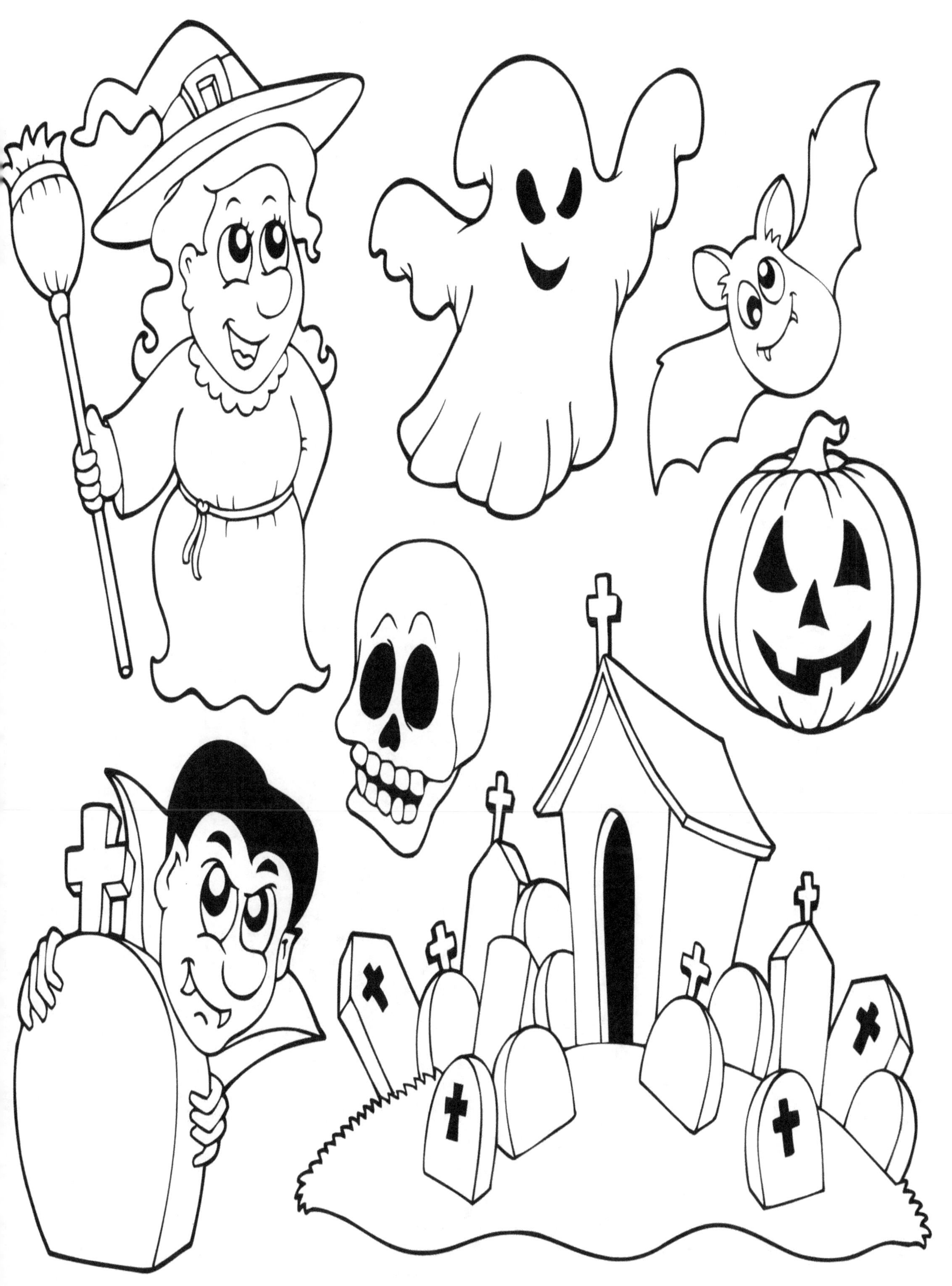

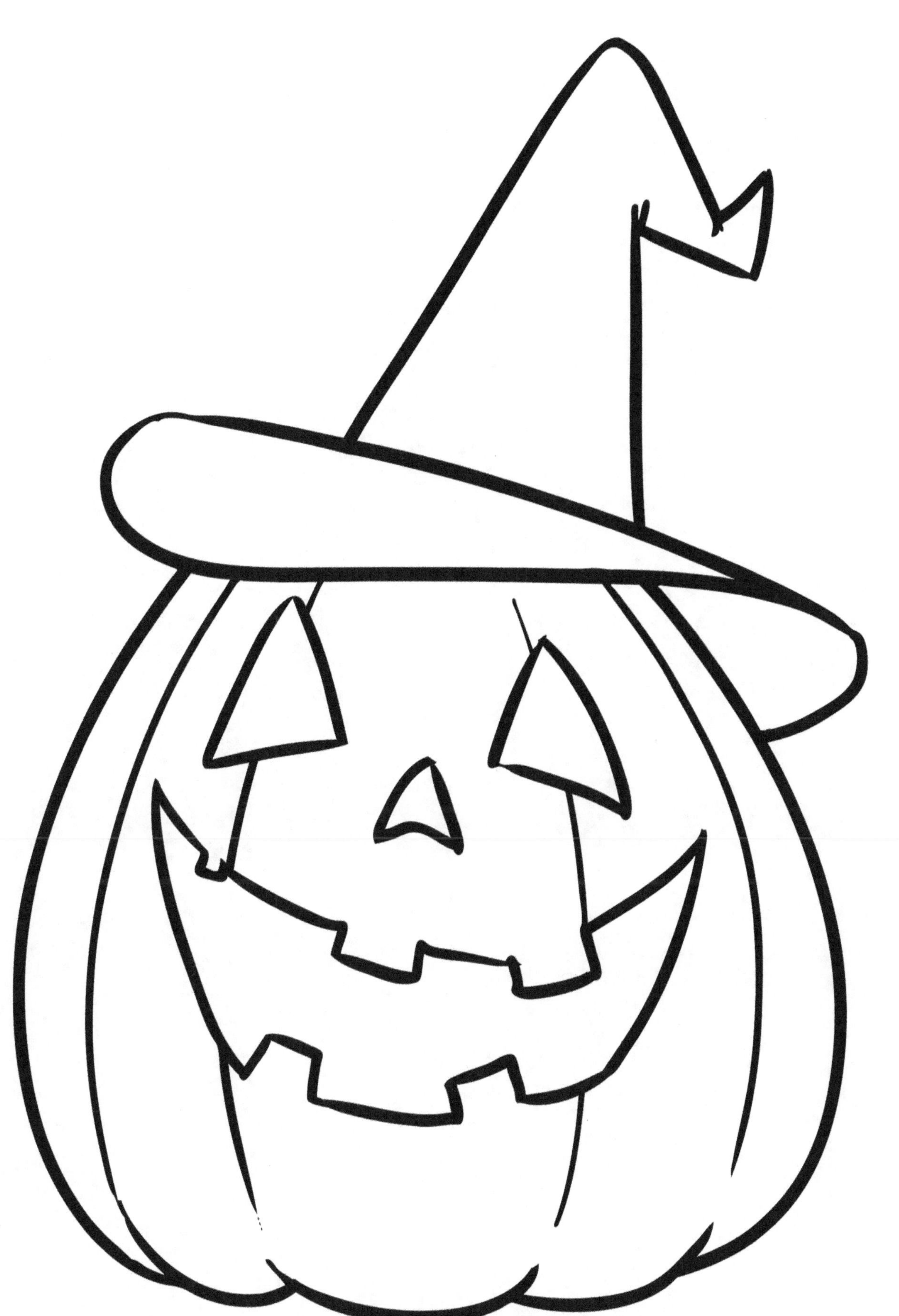

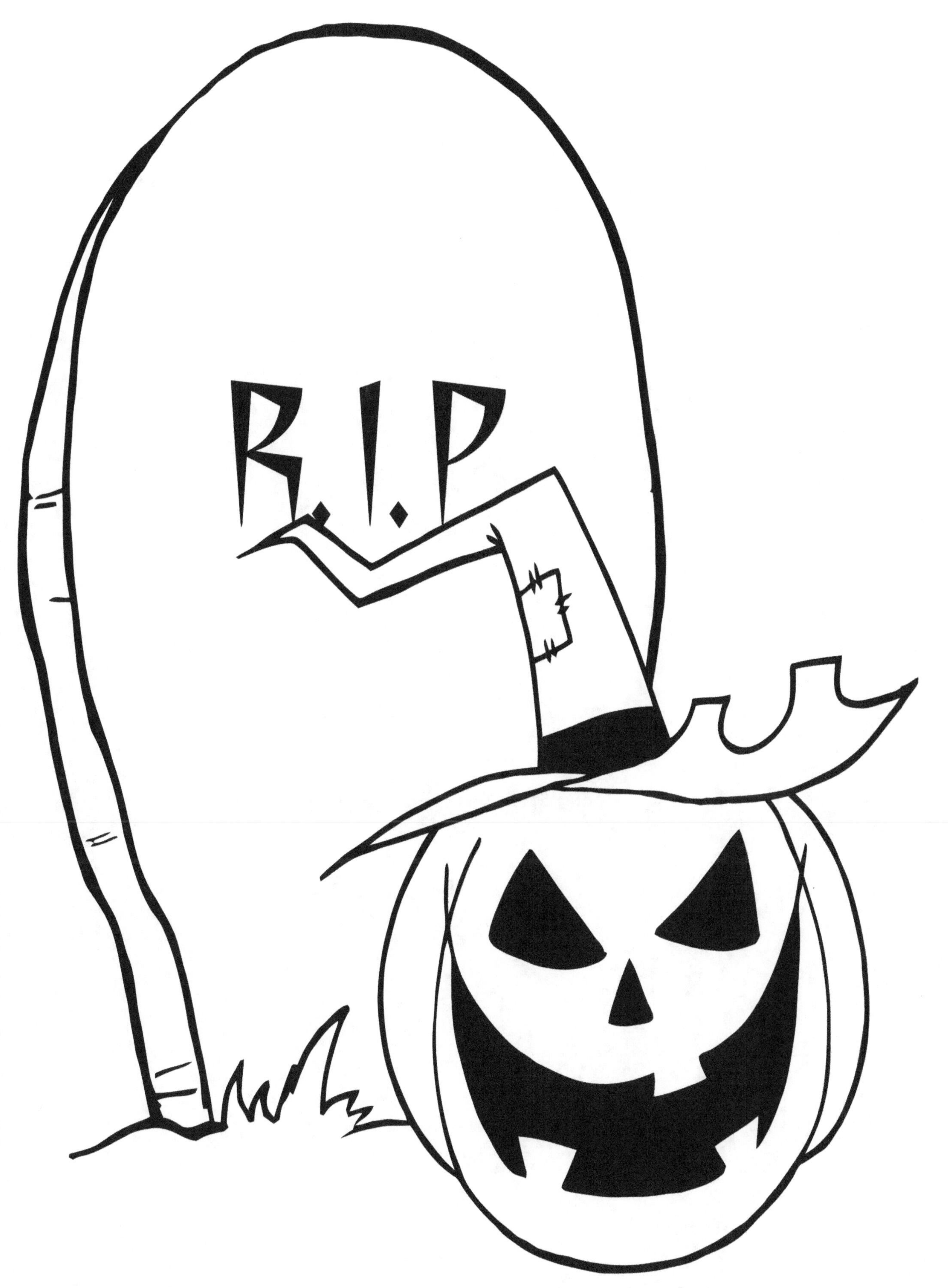

R.I.P

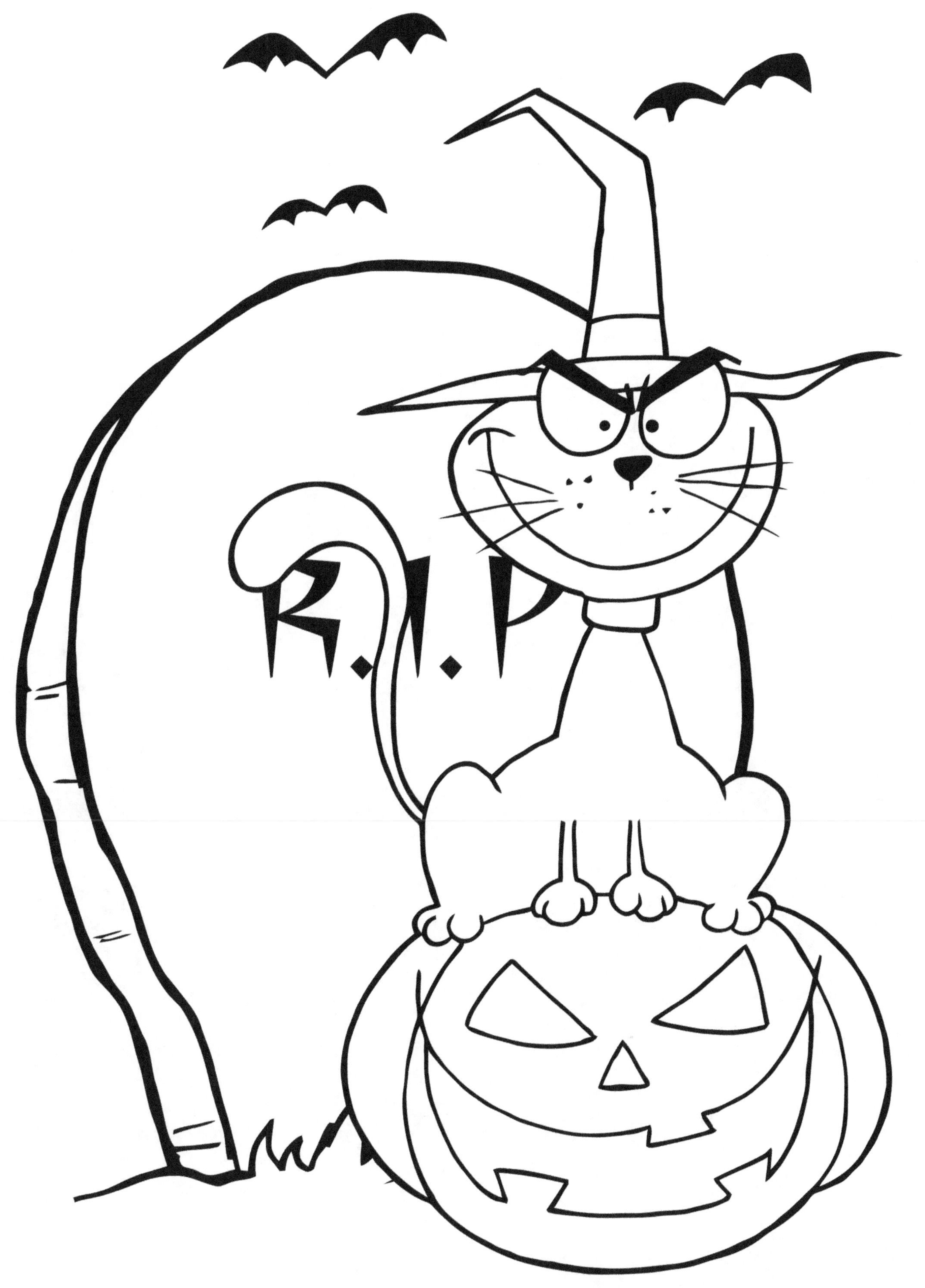

R.I.P.

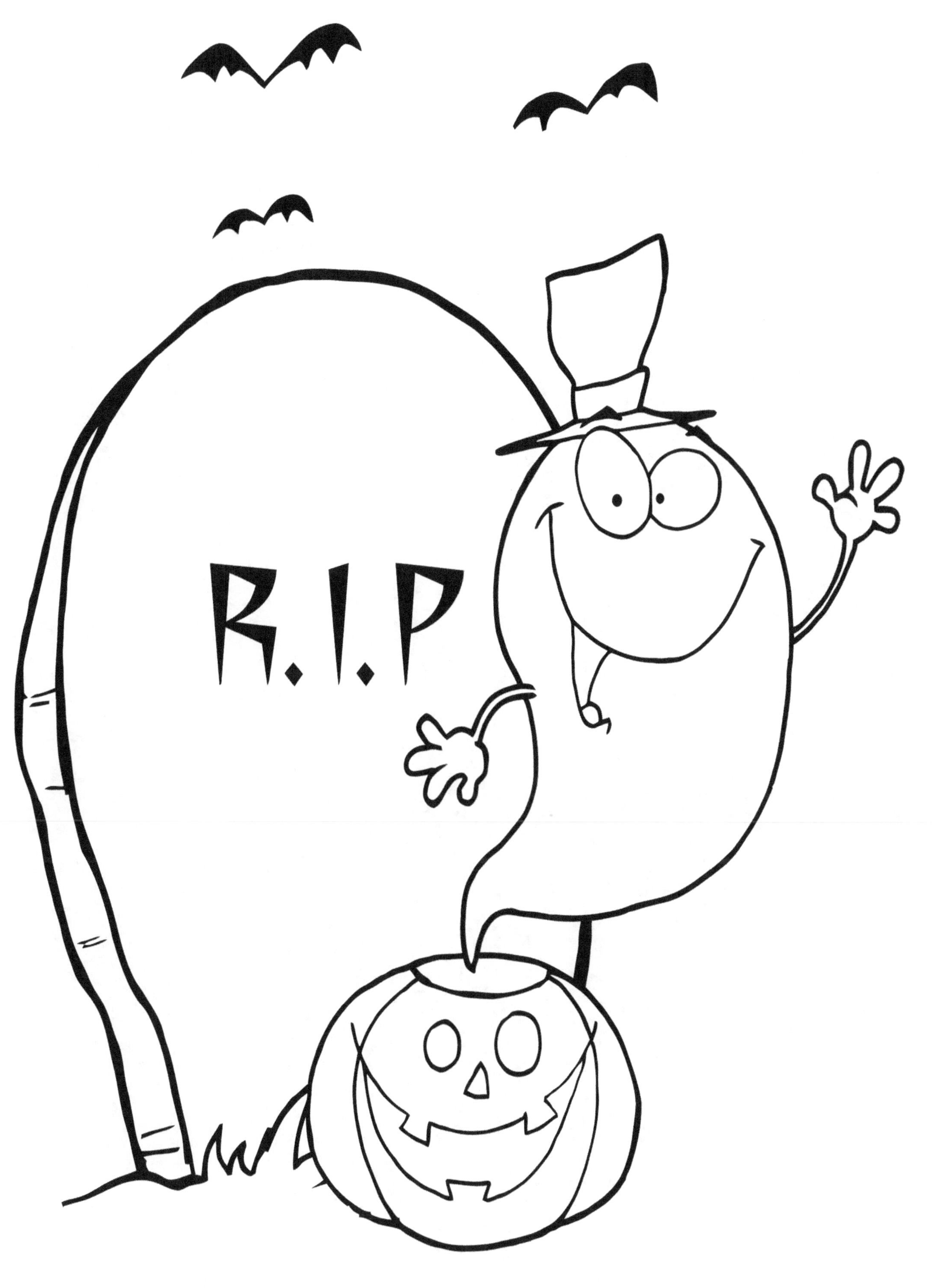

R.I.P

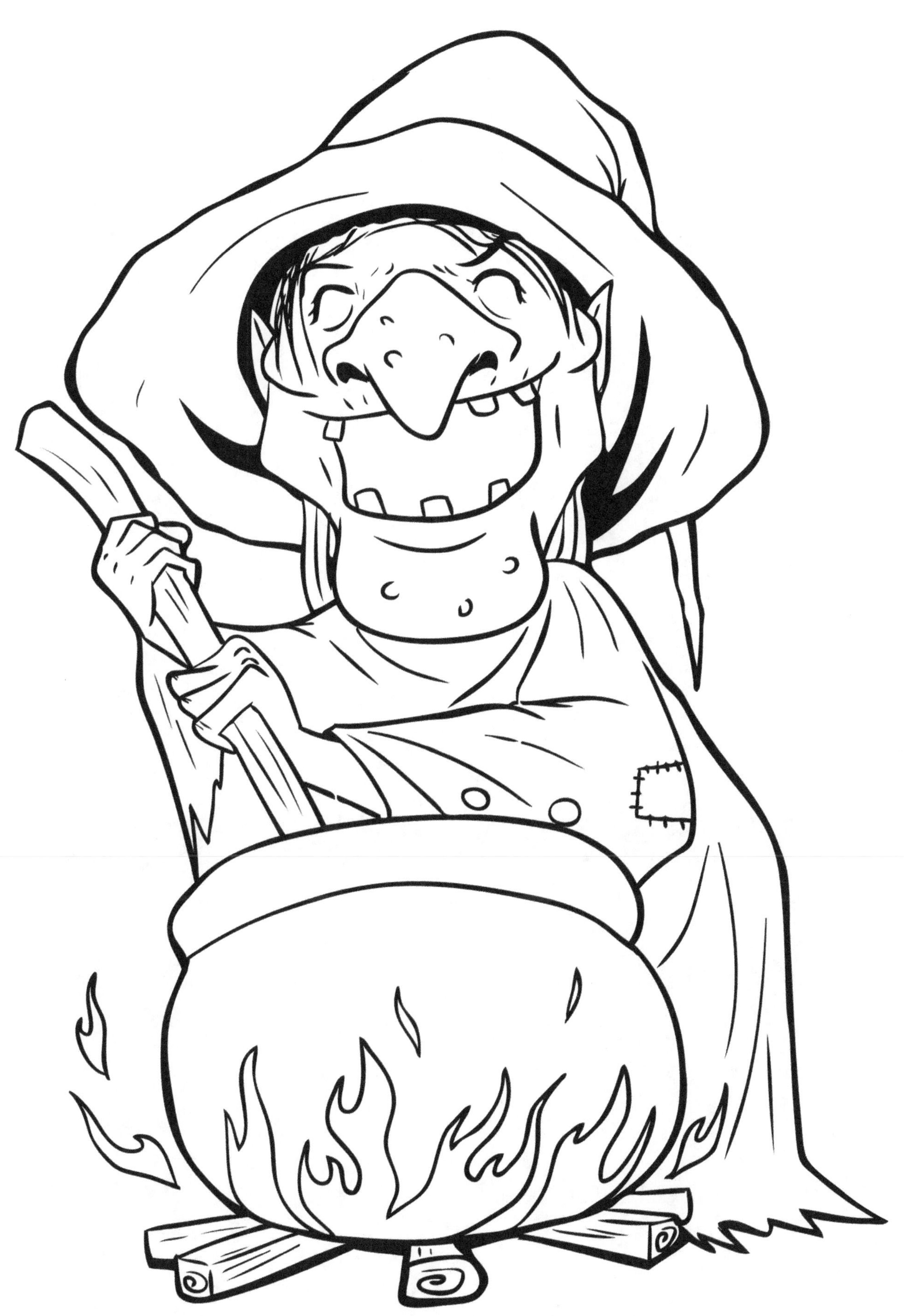

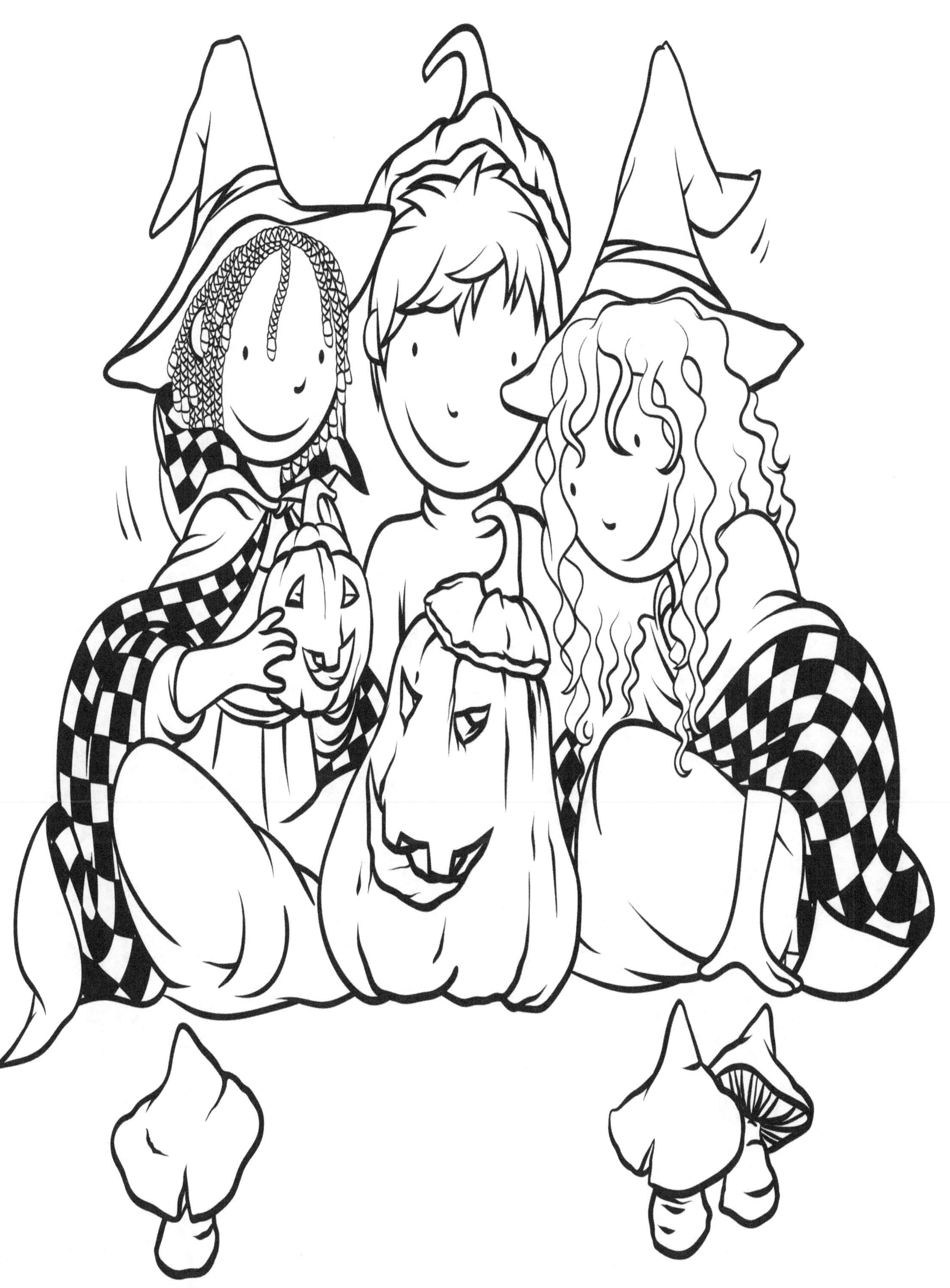

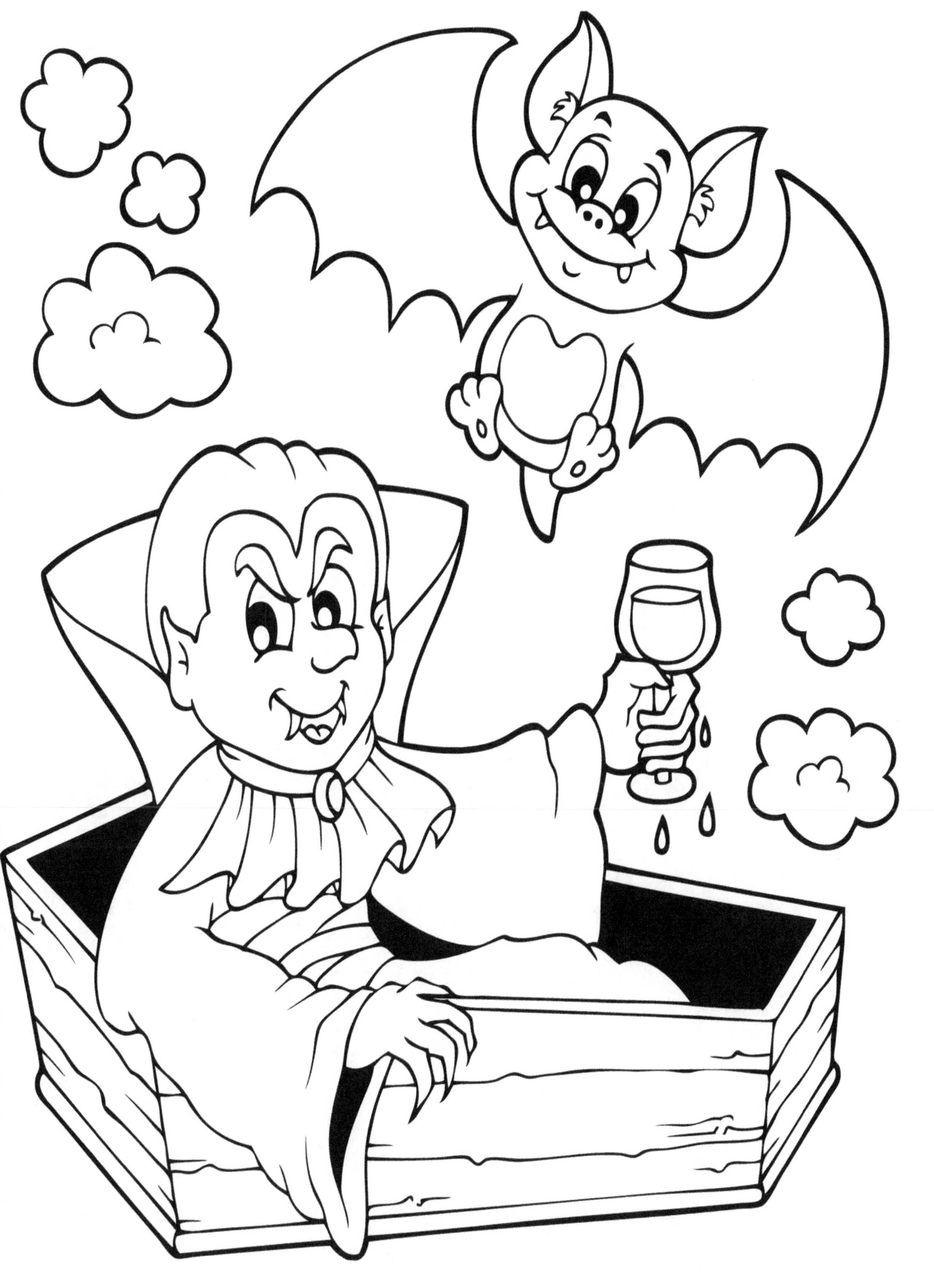

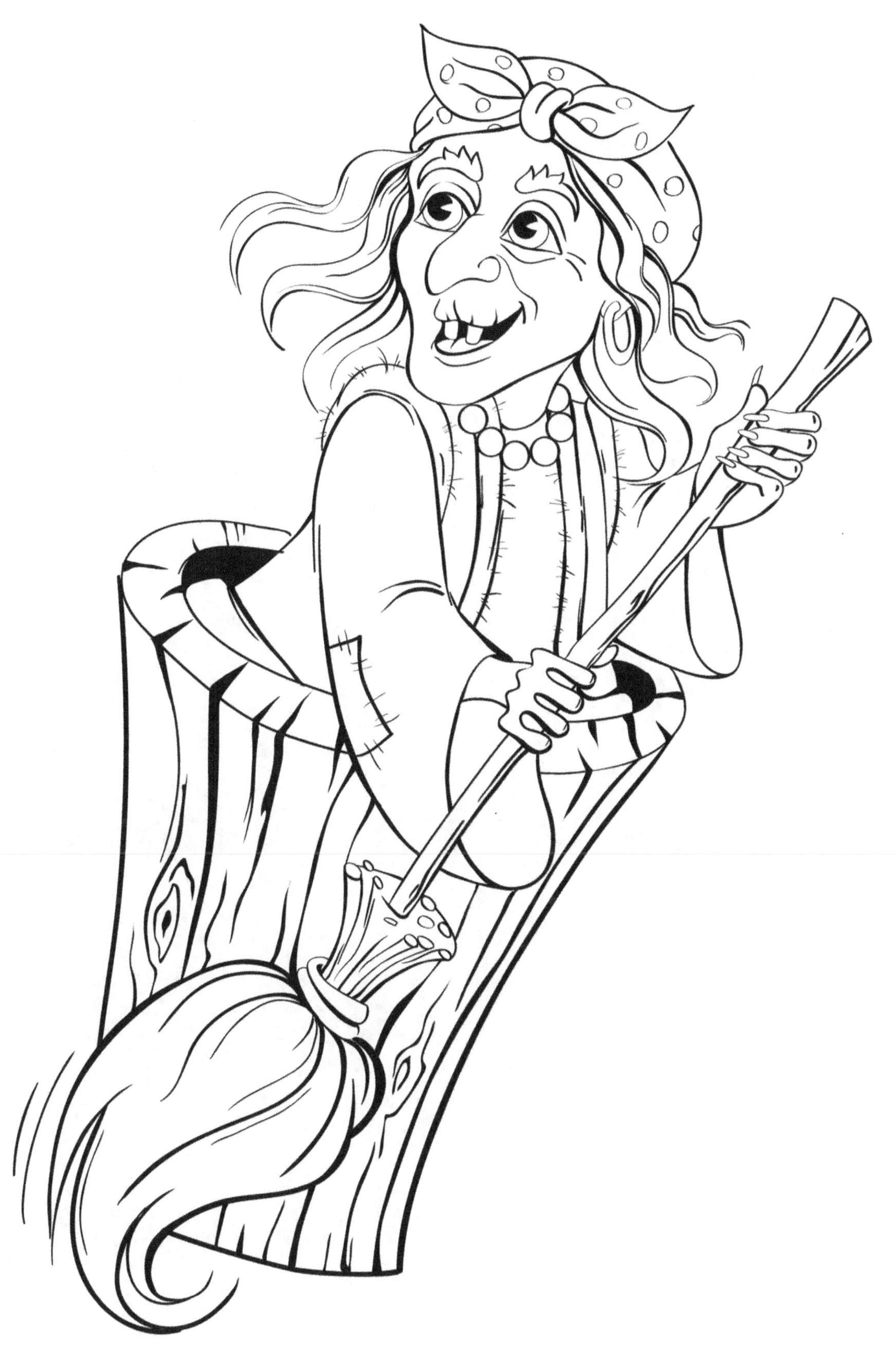

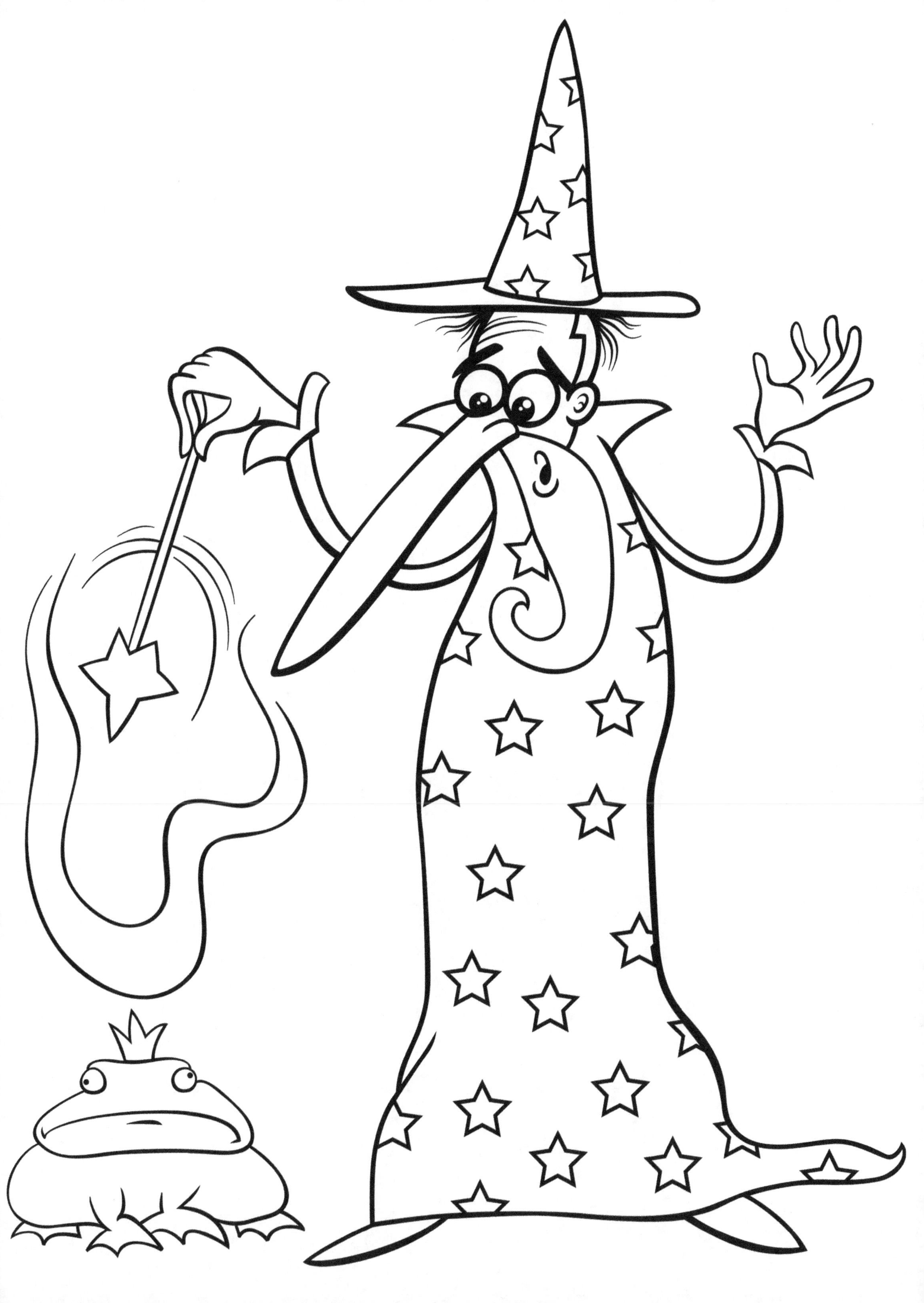

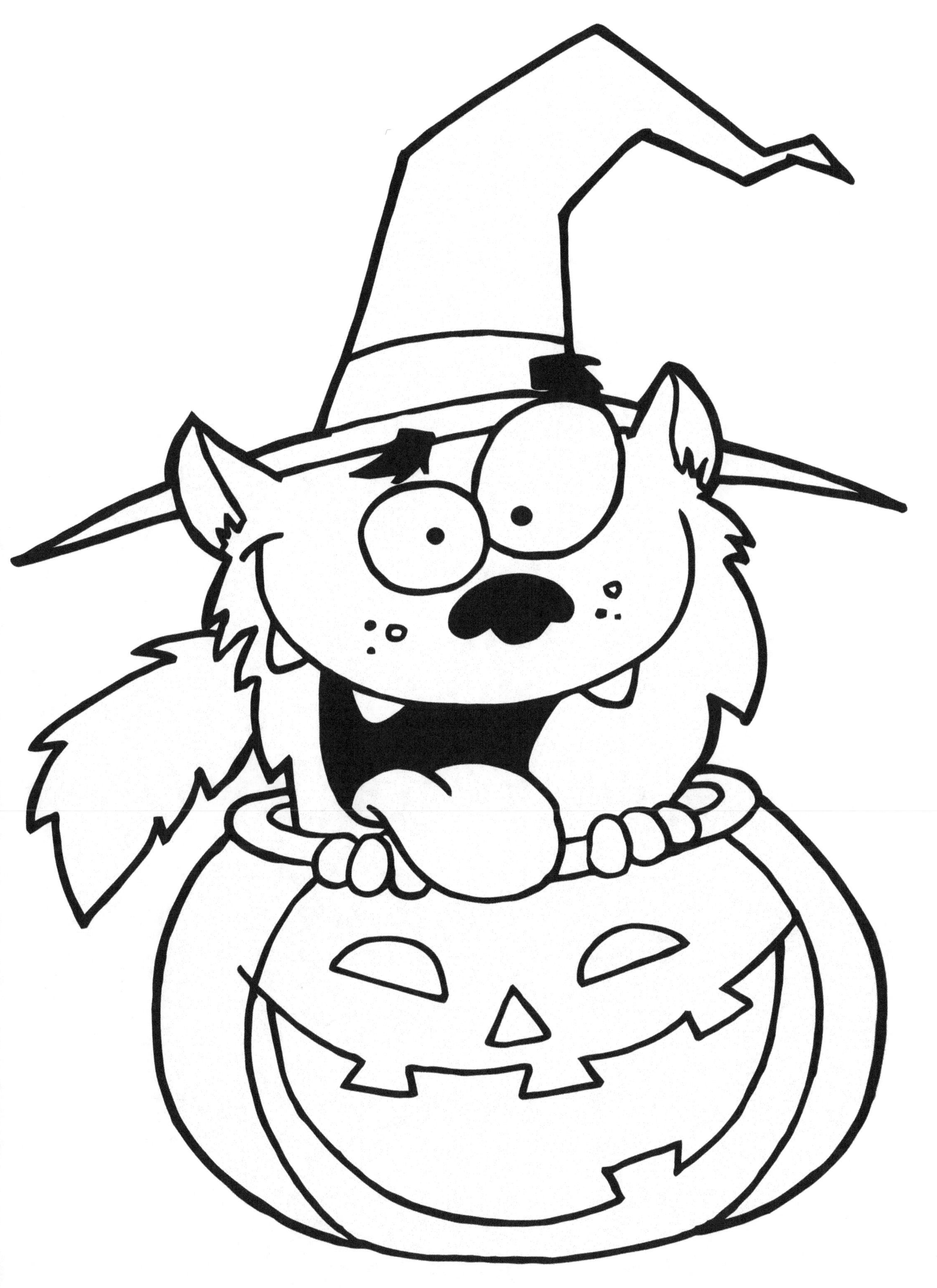

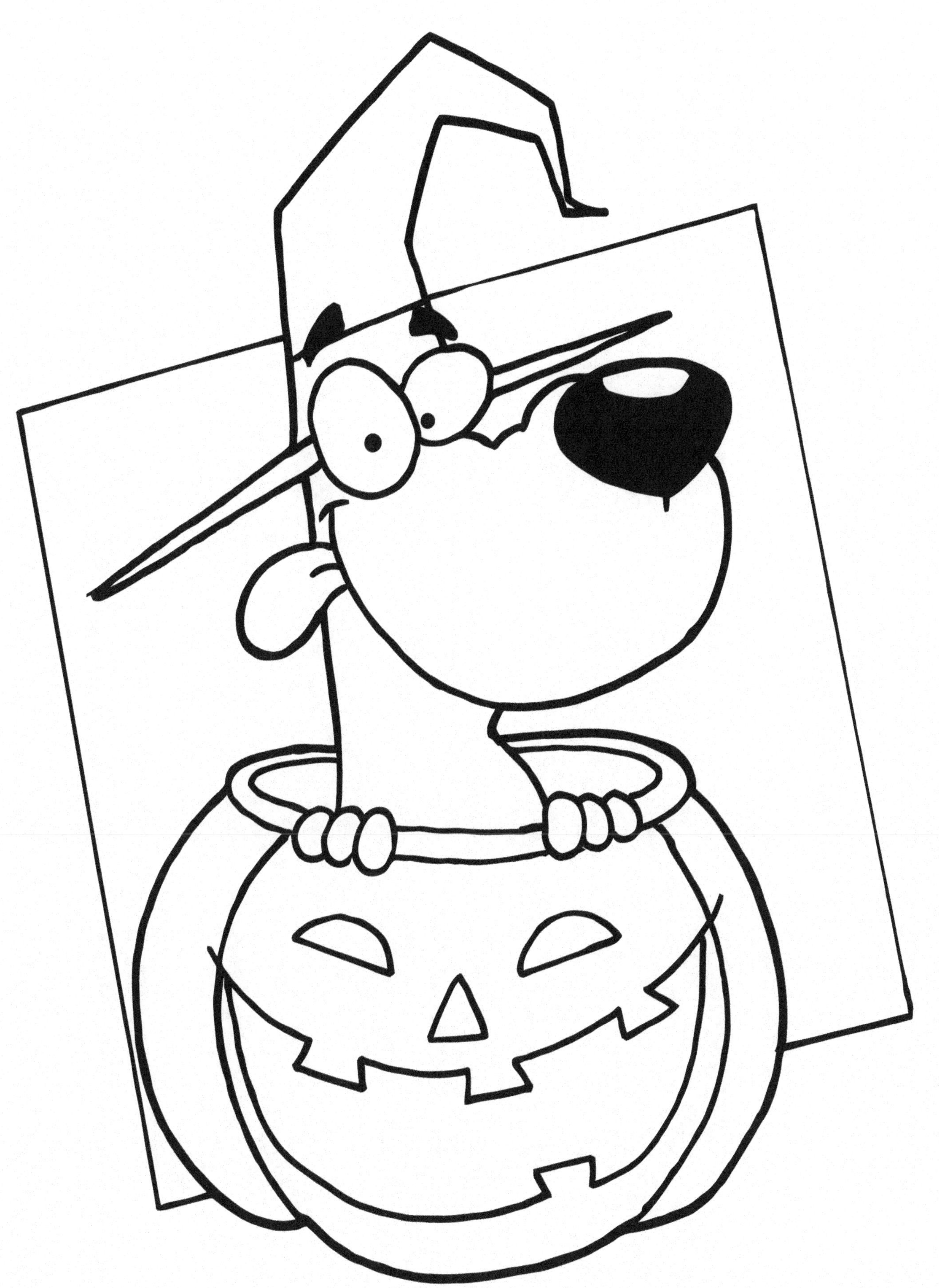

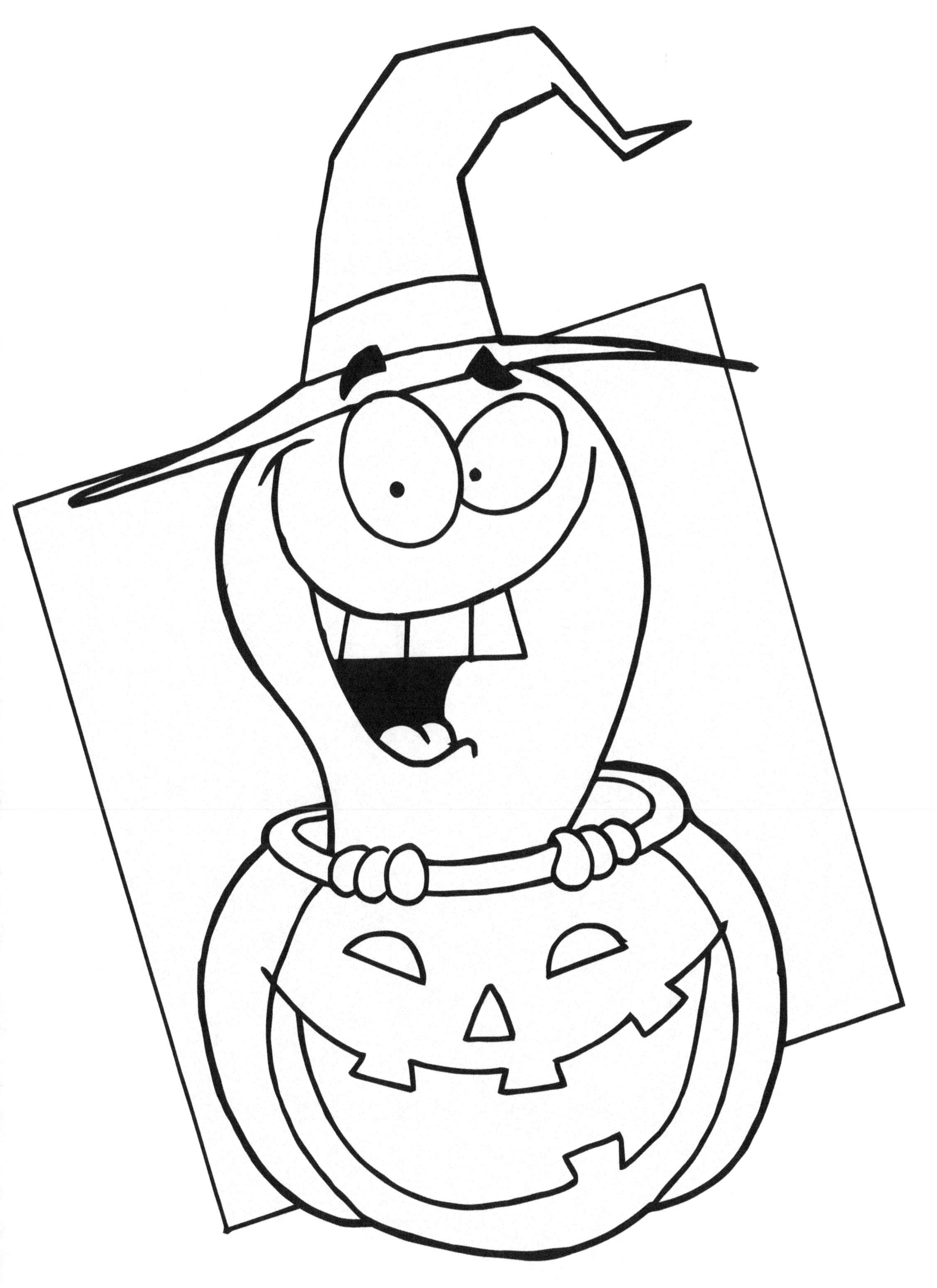

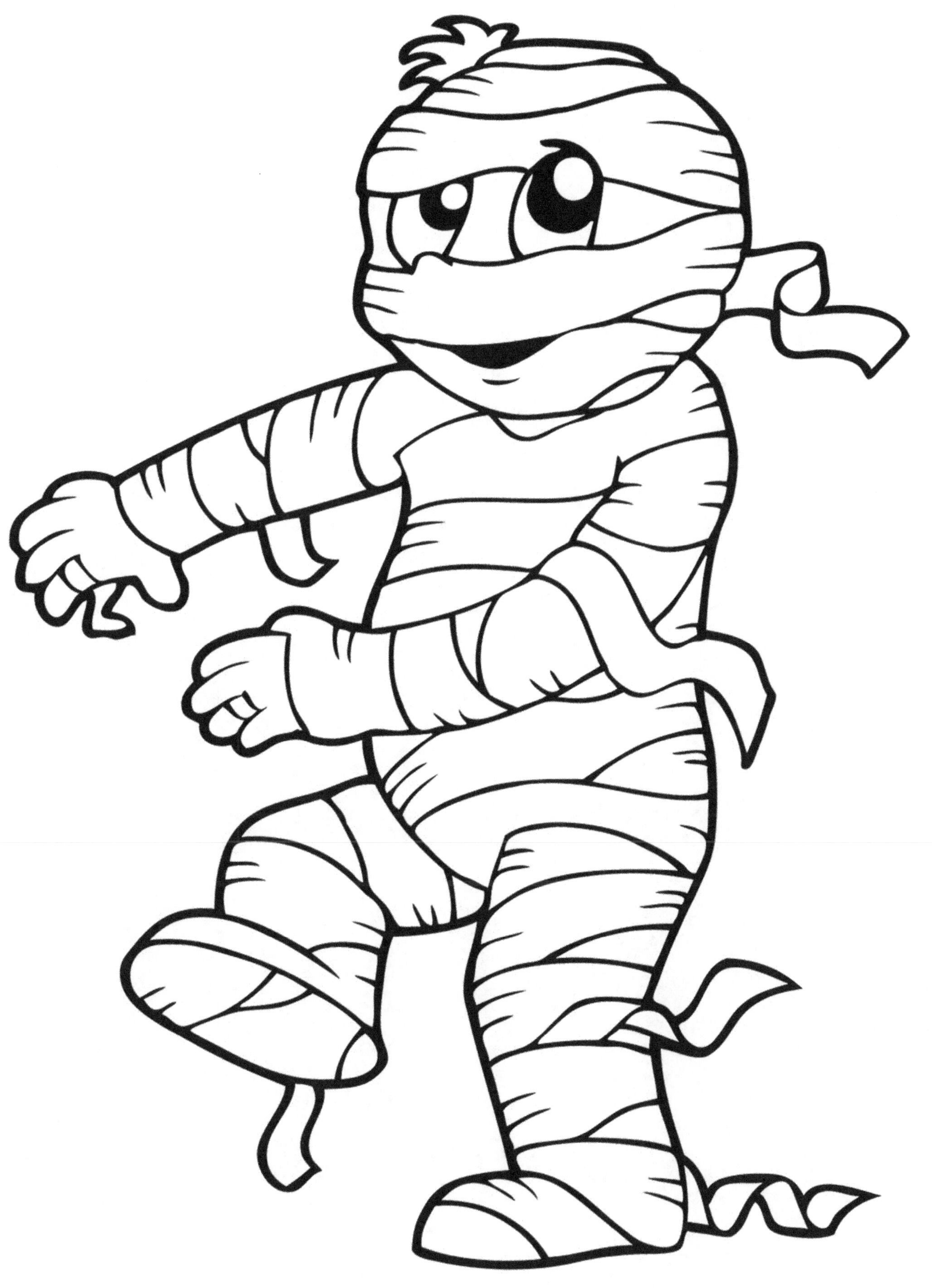

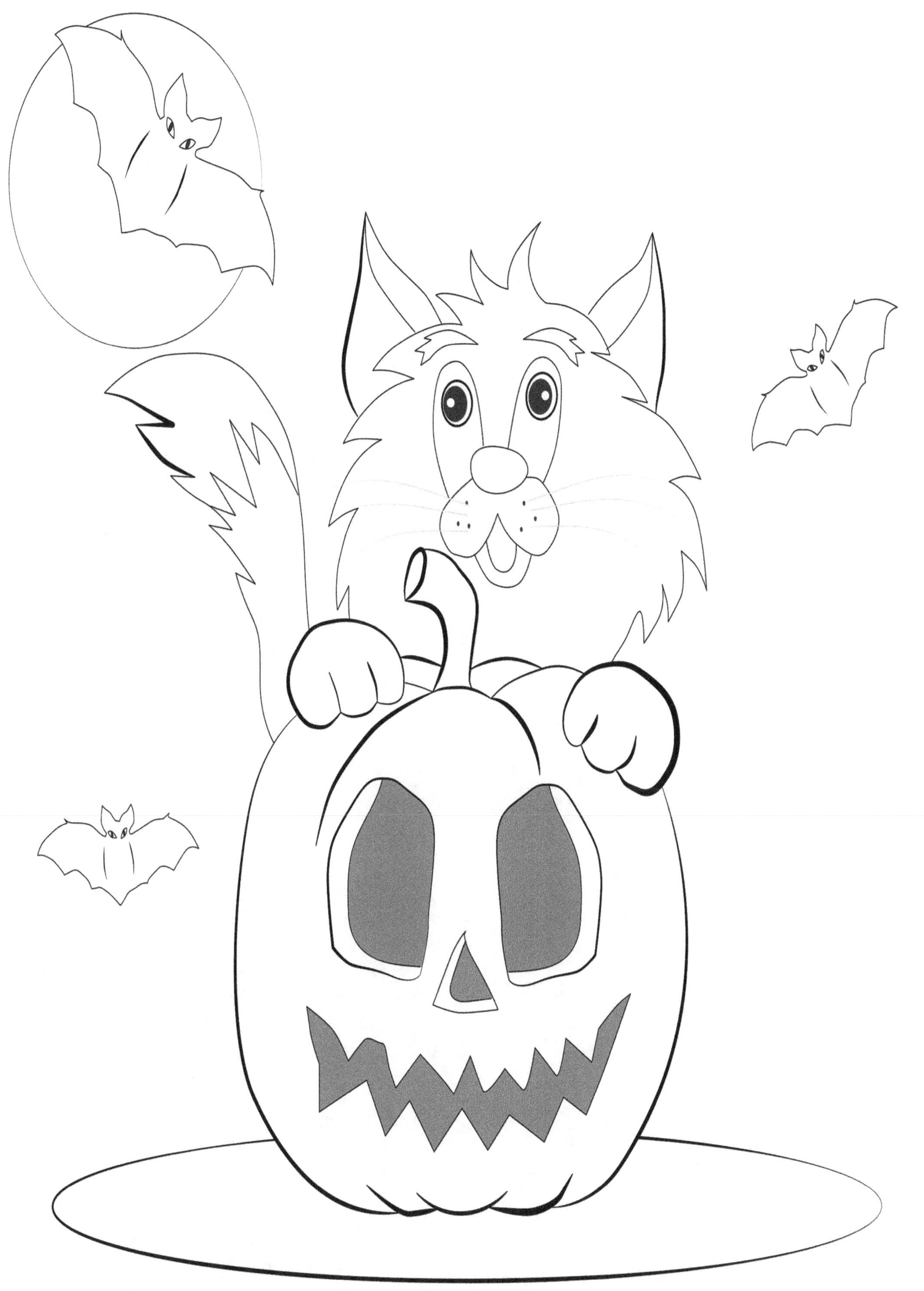

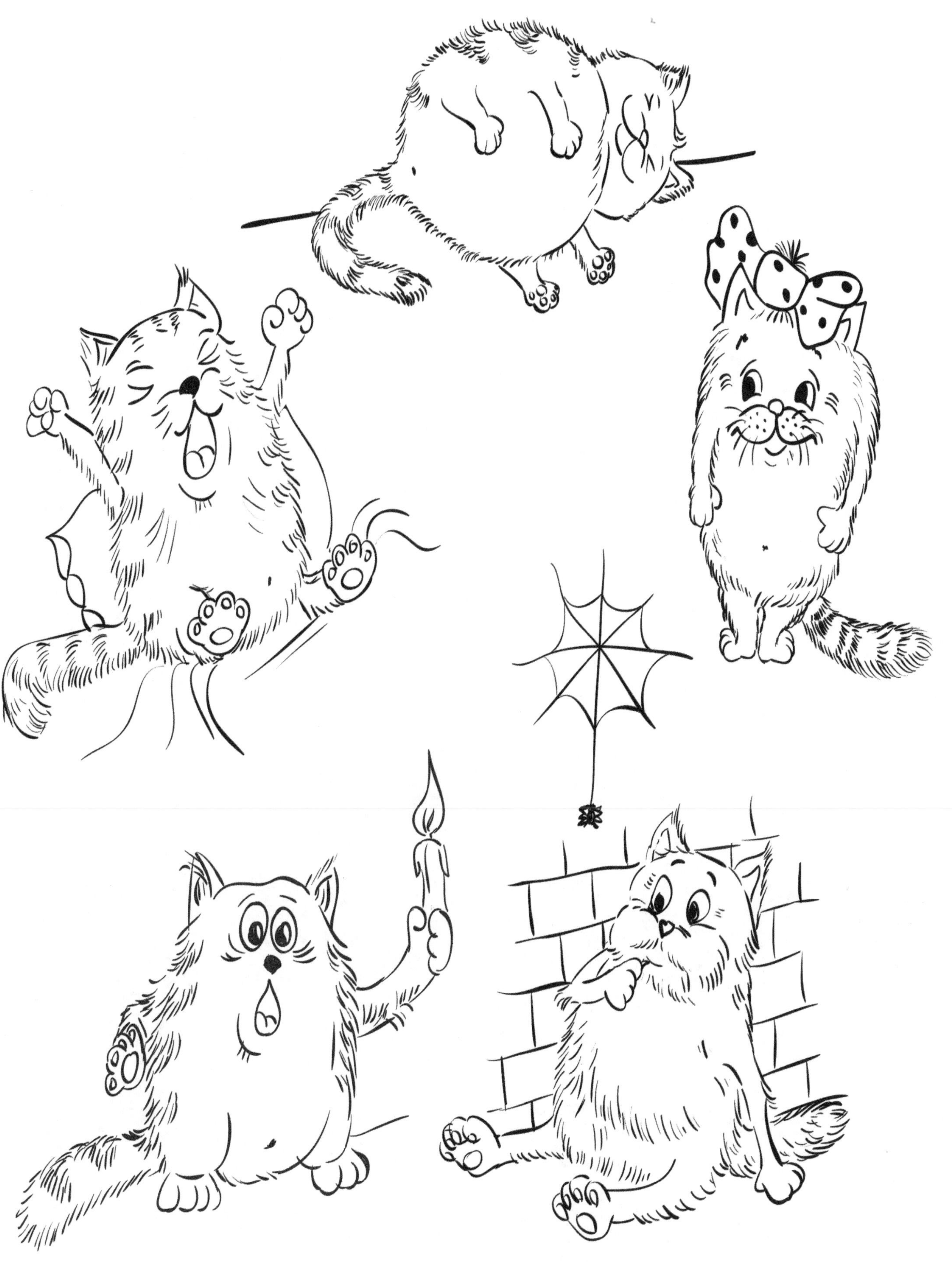